AF450500

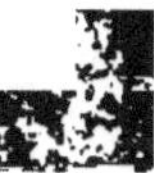

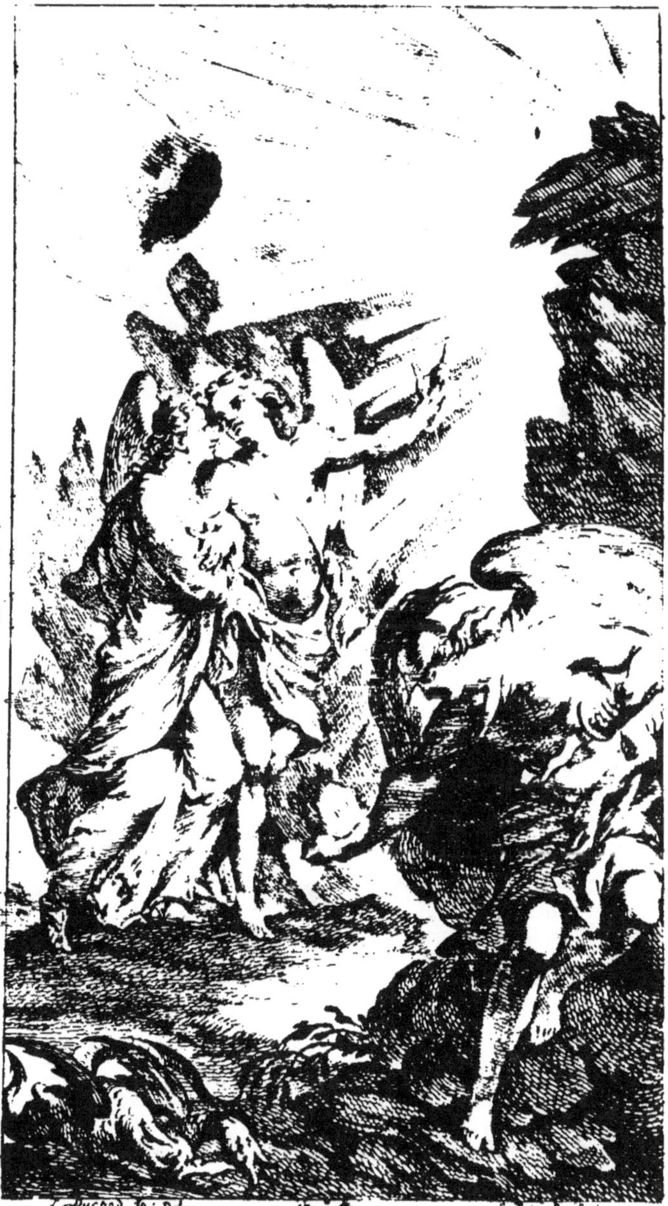

L. Durand. In. del. — G. Texard. Sculp.

PRINCIPES

DE LA

PHILOSOPHIE MORALE;

OU

ESSAI DE M. S***.

SUR LE

MERITE ET LA VERTU.

Avec Réflexions. *Par m.^r Diderot.*

> . . . . . *Ludicra pono.*
> *Quid verum atque decens, curo & rogo, & omnis in hoc sum,*
> Horat. Epist. 10.

A AMSTERDAM,

Chez *ZACHARIE CHATELAIN.*

M. DCC. XLV.

A
MON FRERE,

* * * * * * * * * * * * *
* * * * * * * * * * * *
* * * * * *Oui*, mon Frere,
la Religion bien entendue & pra-
tiquée avec un zèle éclairé, ne
peut manquer d'élever les Vertus
morales. Elle s'allie même avec
les connoissances naturelles ; &
quand elle est solide, les progrès de celles-ci ne l'allarment
point pour ses droits. Quelque
difficile qu'il soit de discerner
les limites qui séparent l'Empire

de la Foi, de celui de la Raison ;
le Philosophe n'en confond pas les
objets : sans aspirer au chimérique honneur de les concilier ; en
bon Citoyen, il a pour eux de
l'attachement & du respect. Il y
a de la Philosophie à l'Impiété
aussi loin que de la Religion au
Fanatisme ; mais du Fanatisme
à la Barbarie, il n'y a qu'un pas.
Par Barbarie, j'entends, comme vous, cette sombre disposi-
tion qui rend un homme insensible
aux charmes de la Nature & de
l'Art, & aux douceurs de la
Société. En effet comment appeller
ceux qui mutilérent les Statues

qui s'étoient sauvées des ruines de
l'ancienne Rome, sinon des Barbares ? Et quel autre nom donner
à des gens, qui nés avec cet en-
joüement qui répand un coloris de
finesse sur la Raison, & d'a-
ménité sur les Vertus, l'ont é-
moussé, l'ont perdu & sont parvenus, rare & sublime effort!
jusqu'à fuir comme des monstres
ceux qu'il leur est ordonné d'aimer.
Je dirois volontiers que les uns
& les autres n'ont connu de la
Religion que le Spectre. Ce qu'il
y a de vrai, c'est qu'ils ont eu
des terreurs paniques, indignes
d'elle ; terreurs qui furent jadis

fatales aux Lettres, & qui pou-
voient le devenir à la Religion
même. « *Il eſt certain qu'en ces*
» *premiers tems,* dit Monta-
» gne, *que notre Religion com-*
» *mença de gagner autorité par*
» *les loix, le zèle en arma plu-*
» *ſieurs contre toutes ſortes de*
» *Livres Payens ; de quoi les*
» *Gens de Lettres ſouffrent une*
» *merveilleuſe perte. J'eſtime que*
» *ce déſordre ait porté plus de nui-*
» *ſance aux Lettres que tous les*
» *feux des Barbares. Cornelius*
» *Tacitus en eſt un bon témoin ;*
» *car quoique l'Empereur Tacitus*
» *ſon parent en eût peuplé par*
» *ordonnances expreſſes toutes les*

» *Librairies du monde ; toute-*
» *fois un seul exemplaire entier*
» *n'a pu échapper la curieuse re-*
» *cherche de ceux qui désiroient*
» *l'abolir pour cinq ou six vaines*
» *clauses contraires à notre croyan-*
» *ce* ». Il ne faut pas être grand raisonneur pour s'appercevoir que tous les efforts de l'incrédulité étoient moins à craindre que cette Inquisition. L'incrédulité combat les preuves de la Religion ; cette Inquisition tendoit à les anéantir. Encore, si le zèle indiscret & bouillant ne s'étoit manifesté que par la délicatesse gothique des esprits foibles, les fausses allar-

mes des ignorans, ou les vapeurs
de quelques atrabilaires; mais rap-
pellez-vous l'Histoire de nos troubles civils, & vous verrez la moitié de la Nation, se baigner par
piété dans le sang de l'autre moitié, & violer, pour soûtenir la
cause de Dieu, les premiers sentimens de l'humanité ; comme s'il
falloit cesser d'être homme pour se
montrer relligieux ! La Religion
& la Morale ont des liaisons trop
étroites pour qu'on puisse faire con-
traster leurs principes fondamentaux. Point de Vertu, sans Religion ; point de bonheur sans Vertu : ce sont deux vérités que vous

trouverez approfondies dans ces réflexions que notre utilité commune m'a fait écrire : Que cette expression ne vous blesse point ; je connois la solidité de votre esprit & la bonté de votre cœur. Ennemi de l'enthousiasme & de la bigotterie, vous n'avez point souffert que l'un se rétrecît par des opinions singuliéres, ni que l'autre s'épuisât par des affections puériles. Cet Ouvrage sera donc, si vous voulez, un antidote destiné à réparer en moi un tempérament affoibli, & à entretenir en vous des forces encore entiéres. Agréez-le, je vous prie, comme

le préſent d'un Philoſophe & le
gage de l'amitié d'un Frere.

D. D*****

DISCOURS
PRELIMINAIRE.

NOus ne manquons pas de longs Traités de Morale; mais on n'a point encore penſé à nous en donner des Elémens; car je ne peux appeller de ce nom ni ces concluſions futiles qu'on nous dicte à la hâte dans les Ecoles, & qu'heureuſement on n'a pas le tems d'expliquer; ni ces recueils de maximes ſans liaiſon & ſans ordre, où l'on a pris à tâche de

déprimer l'homme, fans s'occuper beaucoup de le corriger. Ce
n'eft pas qu'il n'y ait quelque
différence à faire entre ces deux
fortes d'Ouvrages : j'avoue qu'il
y a plus à profiter dans une page de
la Bruyere, que dans le volume entier de Pourchot ; mais il faut convenir auffi qu'ils font les uns &
les autres incapables de rendre un
Lecteur vertueux par principes.

La fcience des mœurs faifoit
la partie principale de la Philofophie des Anciens ; en cela, ce
me femble, beaucoup plus fages
que nous. On croiroit à la façon *

* You muft allow me, PALEMON, thus ro
bemoan *Philofophy* ; fince you have forc'd me
to ingage with her at a time when her Credit

dont nous la traitons, ou qu'il eſt moins eſſentiel maintenant de connoître ſes devoirs, ou qu'il eſt plus aiſé de s'en acquitter. Un jeune homme au ſortir de ſon cours de Philoſophie, eſt jetté dans un monde d'Athées, de Déiſtes, de Sociniens, de Spi-

runs ſo low. She is no longer *active* in the World; nor can hardly, with any advantage, be brought upon the publick *Stage*. We have immur'd her (poor Lady!) in Colleges and Cells; and have ſet her ſervilely to ſuch Works as thoſe in the Mines. Empirics, and pedantick Sophiſts are her chief Pupils. The *ſchoolſyllogiſm*, and the *Elixir*, are the choiceſt of her Products. So far is ſhe from producing Statesmen, as of old, that hardly any Man of Note in the publick cares to own the leaſt Obligation to her. If ſome few maintain their Acquaintance, & come now and then to her Receſſes, 'tis as the Diſciple of Quality *came* to his Lord and Maſter; " *ſecretly*, and *by* ,, *night*. ,, Peinture admirable du triſte état de la Philoſophie parmi nous; mais qu'on ne peut rendre dans notre Langue avec toute ſa force.

nosistes & d'autres impies, fort instruit des propriétés de la matiére subtile & de la formation des tourbillons, connoissances merveilleuses qui lui deviennent parfaitement inutiles ; mais à peine sçait-il des avantages de la Vertu, ce que lui en a dit un Précepteur; ou des fondemens de sa Religion, ce qu'il en a lû dans son Cathéchisme. Il faut espérer que ces Profésseurs éclairés qui ont purgé la Logique des *universaux* & des *catégories* ; la métaphysique des *entités* & des *quiddités*, & qui ont substitué dans la Physique, l'Expérience & la Géométrie, aux *hypothèses frivoles*, seront

frappés de ce défaut & ne refu-
feront pas à la Morale quelques-
unes de ces veilles qu'ils confa-
crent au bien public. Heureux,
fi cet Effai trouve place dans la
multitude des matériaux qu'ils
raffembleront.

Le but de cet Ouvrage eft de
montrer que la Vertu eft prefque
indivifiblement attachée à la connoiffance de Dieu , & que le bonheur temporel de l'homme eft inféparable de la Vertu. Point de
Vertu fans croire en Dieu : point
de bonheur fans Vertu ; ce font
les deux propofitions de l'illuftre
Philofophe dont je vais expofer
les idées. Des Athées qui fe pi-

quent de probité, & des Gens sans probité qui vantent leur bonheur; voilà mes Adversaires. Si la corruption des mœurs est plus funeste à la Religion que tous les Sophismes de l'incrédulité, & s'il est essentiel au bon ordre de la Société que tous ses membres soient vertueux; apprendre aux hommes que la Vertu seule est capable de faire leur félicité présente, c'est rendre à l'une & à l'autre un service important. Mais de crainte que des préventions fondées sur la hardiesse de quelques propositions mal examinées n'étouffent les fruits de cet Ecrit; j'ai cru devoir en préparer la lecture éture par un petit nombre de réflexions , qui suffiront avec les Notes que j'ai répandues par - tout où je les ai jugé né- cessaires , pour lever les scru- pules de tout Lecteur attentif & judicieux.

1. Il n'est question dans cet Essai que de la Vertu morale ; de cette Vertu que les Saints Pe- res mêmes ont accordée à quel- ques Philosophes Payens. Vertu que le Culte qu'ils professoient , soit de cœur soit en apparence , tendoit à détruire de fond en comble , bien loin d'en être insé- parable. Vertu que la Providence n'a pas laissée sans récompense ;

**

s'il est vrai , comme on le prou-
vera dans la suite , que l'Intégrité
morale fait notre bonheur en ce
monde. Mais qu'est-ce que *l'In-*
tégrité ?

2. L'Homme est intégre ou
vertueux ; lorsque sans aucun motif bas & servile , tel que l'espoir
d'une récompense ou la crainte
d'un châtiment , il contraint toutes ses passions à conspirer au
bien général de son espece : effort héroïque , & qui toutefois
n'est jamais contraire à ses intérêts particuliers. *Honestum id in-*
telligimus , quod tale est , ut , de-
tractâ omni utilitate , sine ullis præ-
miis , fructibusve , per seipsum possit

jure laudari. Quod, quale sit, non tam definitione quâ sum usus intelligi potest, quanquam aliquantum potest, quàm communi omnium judicio & optimi cujusque studiis atque factis, qui per multa ob eam unam causam faciunt, quia decet, quia rectum, quia honestum est, etsi nullum consecuturum emolumentum vident. Cicer. de Orat.] Mais-ne pourroit-on pas inférer de cette définition que l'espoir des biens futurs & l'effroi des peines éternelles anéantissent le Mérite & la Vertu ? C'est une objection à laquelle on trouvera des réponses dans la Section troisiéme du premier livre. C'est-là que sans donner dans les visions

** ij

du Quiétifme , ou faire de la Dévotion un trafic , on reléve tous les avantages d'un Culte qui préconife cette croyance.

3. Après avoir déterminé en quoi confiftoit la Vertu , entendez par-tout Vertu morale ; nous prouverons avec une précifion vraîment géométrique , que de tous les fyftêmes concernant la Divinité , le *Théifme* eft le feul qui lui foit favorable. « Le *Théif-* » *me* , dira-t'on ! Quel blafphême! » Quoi ces ennemis de toute ré- » vélation feroient les feuls qui » puffent être bons & vertueux ? » A Dieu ne plaife , que je me rende jamais l'écho d'une pareille

doctrine. Auffi n'eft-ce point celle de M. S. qui a foigneufement prévenu la confufion qu'on pourroit faire des termes de *Déifte* & de *Théifte*. Le *Deifte*, dit-il, eft celui qui croit en Dieu ; mais qui nie toute révélation : le *Théifte* au contraire eft celui qui eft prêt d'admettre la révélation & qui admet déja l'exiftence d'un Dieu. Mais en Anglois le mot de *Théift*, défigne indiftinctement *Déifte* & *Théifte*. Confufion odieufe contre laquelle fe récrie M. S. qui n'a pû fupporter qu'on proftituât à une troupe d'impies le nom de *Théiftes,* le plus augufte de tous les noms. Il s'eft efforcé d'effacer les

idées injurieuſes qui y ſont atta-
chées dans ſa langue, en marquant
avec toute l'exactitude poſſible
l'oppoſition du *Théiſme* à l'*Athéiſme*, & ſes liaiſons étroites avec le
Chriſtianiſme. En effet, quoîqu'il
ſoit vrai de dire que tout *Théiſte*
n'eſt pas encore Chrétien, il n'eſt
pas moins vrai d'aſſurer que pour
devenir *Chrétien*, il faut commencer par être *Théiſte*. Le fondement de toute Religion, c'eſt le
Théiſme. Mais pour détromper le
public de l'opinion peu favorable
qu'il peut avoir conçûe de cet illu-
ſtre Auteur, ſur le témoignage de
quelques Ecrivains, intéreſſés ap-
paremment à l'entraîner dans un

parti qui fera toujours trop foible, la probité m'oblige de citer à fon honneur & à leur honte fes propres paroles.

As averfe as I am to the Caufe of Theifm, *or Name of* DEIST, *when taken in a fenfe exclufive of Revelation; I confider ftill that, in ftrictnefs, the Root of all is* THEISM; *and that to be a fettled Chriftian, it is nec
effary to be firft of all a good* THEIST....

. . . .

. . . .

. . . . *Nor have I patience to hear the Name of* THEIST *(the higheft of all Names) decry'd, and fet in oppofition to* Chriftianity. *As if our Religion was*

,, Quelqu'horreur que ,, j'aye, dit-il, (vol. 2. ,, pag. 209.) du Déifme ; ou de cette hypothèfe oppofée à la ,, révélation ; toutefois ,, je confidere le Théifme comme le fondement de toute Religion. Je crois que pour ,, être bon Chrétien, il ,, faut commencer par ,, être bon Théifte. Et ,, conféquemment, je ,, ne peux fouffrir qu'en ,, oppofant l'un à l'autre, on décrie injuftement le plus facré ,, de tous les noms, ,, le nom de Théifte :

** iiij

« comme si notre Reli-
» gion étoit une espece
» de culte magique &
» qu'elle eût d'autre
» base que la croyance
» d'un seul Etre suprê-
» me, ou que la croyan-
» ce d'un seul Etre su-
» prême fondée sur des
» raisonnemens philo-
» sophiques, fût incom-
» patible, avec notre
» Religion. Certes, ce
» seroit donner beau
» jeu à ceux qui, soit
» par Scepticisme soit
» par vanité, ne sont
» déjà que trop enclins
» à rejetter toute révé-
» lation.

*a kind of Magick, which
depended not on the Be-
lief of a single supreme
Being. Or as if the firm
& rational Belief of
such a Being, on philo-
sophical grounds, was
an improper Qualifica-
tion for believing any
thing further. Excellent
Presumption, for those
who naturally incline to
the Disbelief of Reve-
lation, or who thro' Va-
nity affect a Freedom of
this kind!*

Et ailleurs, voici comment il s'exprime encore.

« Quant à la foi &
» à l'orthodoxie de ma
» croyance, je me sens,

*THE only Subject on
which we are perfectly
secure, and without fear*

of any just Censure or Reproach, is that of FAITH) *and Orthodox Belief. For in the first place, it will appear, that thro' a profound Respect, and religious Veneration, we have forborn so much as to name any of the sacred and solemn Mysterys of Revelation. And, in the next place, as we can with confidence declare, that we have never in any Writing, publick or private, attempted such high Researches, nor have ever in Practice acquitted our-selves otherwise than as just Conformists to the lawful Church; so we may, in a proper Sense, be said faithfully and du-*

,, dit-il, vol. 1. p. 315.
,, dans une sécurité
,, parfaite & raisonna-
,, ble, & je me flatte
,, de n'avoir sur ces ar-
,, ticles ni reproches,
,, ni censures équita-
,, bles à craindre. Tel
,, est le religieux res-
,, pect, telle est la véné-
,, ration profonde que
,, je porte à la révéla-
,, tion ; que dans le
,, cours de cet Ouvra-
,, ge, je me suis scru-
,, puleusement abste-
,, nu, je ne dis pas de
,, discuter, mais même
,, de nommer les divins
,, mystéres qu'elle nous
,, a transmis. C'est
,, avec toute la con-
,, fiance que donne la
,, vérité, que je décla-
,, re n'avoir jamais fait
,, de ces propositions

» ſublimes , la matiére *rifully* to embrace *thoſe*
» de mes Ecrits publics *holy* Myſterys , *even in*
» ou particuliers, & que *their minuteſt Particu-*
» je proteſte , quant à *lars , and without the*
» ma conduite , qu'el- *leaſt Exception on ac-*
» le a toujours été con- *count of their amazing*
» forme aux préceptes *Depth.*
» de l'Egliſe autoriſée par nos Loix. Enſorte
» qu'on peut dire avec la derniére exactitudé
» que , fortement attaché au culte de mon païs ,
» j'en embraſſe les dogmes dans toute leur éten-
» due , ſans que cette profondeur dont mon
» eſprit eſt étonné , ait le plus légérement altéré
» ma croyance.

Je ne conçois pas comment
après dés proteſtations auſſi ſo-
lemnelles d'une entiére ſoumiſſion de cœur & d'eſprit aux My-
ſtéres ſacrés de ſa Religion ; il
s'eſt trouvé quelqu'un aſſez injuſte pour compter M. S. au nombre des *Aſgils* , des *Tindales* &

des *Tolands* , gens auffi décriés dans leur Eglife en qualité de Chrétiens, que dans la république des Letttes en qualité d'Auteurs : mauvais Proteftans & miférables Ecrivains. Swift qui s'y connoît fans doute , en porte ce jugement dans fon Chef-d'œuvre de plaifanterie. « Auroit-on jamais
» foupçonné , dit-il , qu'Afgil fût
» un beau génie & Toland un
» Philofophe , fi la Religion , ce
» fujet inépuifable , ne les avoit
» pourvûs abondamment d'efprit
» & de fyllogifmes ? Quel autre
» fujet renfermé dans les bornes
» de la Nature & de l'Art , au-
» roit été capable de procurer à

» Tindale le nom d'Auteur pro-
» fond & de le faire lire ? si cent
» plumes de cette force avoient
» été employées pour la défense
» du Christianisme, elles auroient
» été d'abord livrées à un oubli
» éternel.

4. Enfin tout ce que nous dirons à l'avantage de la connoif-
sance du Dieu des Nations, s'appliquera avec un nouveau dégré
de force à la connoissance du
Dieu des Chrétiens. C'est une
réflexion que chaque page de cet
Ouvrage offrira à l'esprit. Voilà
donc le Lecteur conduit à la porte de nos Temples. Le Mission-
naire n'a qu'à l'attirer mainte-

nant aux pieds de nos Autels. C'eſt ſa tâche. Le Philoſophe a rempli la ſienne.

Il ne me reſte qu'un mot à dire ſur la maniére dont j'ai traité M. S…. je l'ai lû & relû : je me ſuis rempli de ſon eſprit, & j'ai, pour ainſi dire, fermé ſon Livre, lorſque j'ai pris la plume. On n'a jamais uſé du bien d'autrui avec tant de liberté. J'ai reſſerré ce qui m'a paru trop diffus ; étendu ce qui m'a paru trop ſerré ; rectifié ce qui n'étoit penſé qu'avec hardieſſe ; & les réflexions qui accompagnent cette eſpece de Texte, ſont ſi fréquentes, que l'Eſſai de M. S…. qui n'étoit proprement qu'une Démonstration Métaphysique, s'est converti en Elémens de Morale assez considérables. La seule chose que j'aye scrupuleusement respectée, c'est l'ordre qu'il étoit impossible de simplifier : aussi cet Ouvrage demande-t'il encore de la contention d'esprit. Quiconque n'a pas la force ou le courage de suivre un raisonnement étendu peut se dispenser d'en commencer la lecture, c'est pour d'autres que j'ai travaillé.

ESSAI

ESSAI
SUR LE
MERITE ET LA VERTU.

LIVRE PREMIER.

PARTIE PREMIERE.

SECTION PREMIERE.

LA RELIGION & la Vertu font unies par tant de rapports, qu'on les regarde communément comme deux inféparables Compagnes. C'est une liaifon dont

I. Partie.   A

on penfe fi favorablement, qu'on permet
à peine d'en faire abftraction dans le dif-
cours & même dans l'efprit. Je doute cependant que cette idée fcrupuleufe foit
confirmée par la connoiffance du monde
& nous ne manquons pas d'exemples qui
paroiffent contredire cette union pré-
tenduë. N'a-t'on pas vû des peuples qui,
avec tout le zèle imaginable pour leur Religion, vivoient dans la derniere dépravation & n'avoient pas ombre d'humanité :
tandis que d'autres qui fe piquoient fi peu
d'être religieux, qu'on les regarde comme de vrais athées, obfervoient les grands
principes de la morale & nous ont arraché l'épithete de vertueux, par la tendreffe & l'affection généreufe qu'ils ont
euës pour le genre humain. En général,
on a beau nous affurer qu'un homme
eft plein de zèle pour fa Religion; fi
nous avons à traiter avec lui, nous nous

informons encore de son caractere.
» *M.* * * * * * *a de la religion* ; dites-
vous, » mais » *a-t'il de la probité :* » *
Si vous m'eussiez fait entendre d'abord
qu'il étoit honnête-homme, je ne me fe-
rois jamais avisé de demander, s'il étoit

* Remarquez qu'il est question ici de la
Religion en général. Si le Christianisme étoit
un culte universellement embrassé, quand
on assureroit d'un homme qu'il est bon Chrétien, peut-être seroit-il absurde de demander,
s'il est honnête-homme ; parce qu'il n'y a point,
dira-t'on, de Christianisme réel sans probité.
Mais il y a presqu'autant de cultes différens
que de Gouvernemens ; & si nous en croyons
les Histoires, leurs préceptes croisent souvent
les principes de la morale : ce qui suffit, pour
justifier ma pensée. Mais afin de lui donner
toute l'évidence possible, supposez que, dans
un besoin pressant de secours, on vous adres-
sât à quelque Juif opulent : vous sçavez que
sa Religion permet l'usure avec l'Etranger ;
espéreriez-vous donc traiter à des conditions
plus favorables, parce qu'on vous assureroit
que cet homme eût un des Sectateurs les plus
zélés de la Loi de Moyse ? & tout bien considéré, ne vaudroit-il pas beaucoup mieux pour
vos intérêts qu'il passât pour un fort mauvais
Juif & qu'il fût même soupçonné dans la Si-
nagogue d'être un peu Chrétien ?

A ij

4 ESSAI SUR LE MERITE

dévot. * TANT EST GRANDE SUR NOS ESPRITS, L'AUTORITÉ DES PRINCIPES MORAUX.

Qu'est-ce donc que la Vertu morale ? quelle influence la Religion en général a-t'elle sur la probité ? Jusqu'à quel point suppose-t'elle de la vertu ? Seroit-il vrai de dire que l'Athéisme exclut toute probité & qu'il est impossible d'avoir quelque Vertu morale, sans reconnoître un Dieu ? Ces questions sont une suite de la réflexion précédente & feront la matiere de ce premier Livre.

Ce sujet est presque tout neuf : d'ailleurs l'examen en est épineux & délicat : qu'on ne s'étonne donc pas, si je suis une méthode un peu singuliere. La licence de quelques plumes modernes a

* Par-tout où ce mot se prend en mauvaise part, il faut entendre, comme dans la Bruyere & la Roche-Foucault, faux Dévot ; sens auquel une longue & peut-être odieuse prescription l'a determiné.

répandu l'allarme dans le camp des *Dé-vots* : telle eſt en eux l'aigreur & l'animo-ſité que, quoi qu'un Auteur puiſſe dire en faveur de la Religion, on ſe récriera contre ſon Ouvrage, s'il accorde quel-que poids à d'autres principes. D'un autre part, les beaux eſprits & les gens du bel air, accoutumés à n'enviſager dans la Religion que quelques abus qui font la matiere éternelle de leurs plai-ſanteries, craindront de s'embarquer dans un examen ſérieux, (car les rai-ſonneurs les effrayent), & traiteront d'imbécille, un homme qui profeſſe le déſintéreſſement & qui ménage les prin-cipes de Religion. Il ne faut pas s'at-tendre à recevoir d'eux plus de quartier qu'on ne leur en fait ; & je les vois réſo-lus à penſer auſſi mal de la morale de leurs Antagoniſtes, que leurs Antago-niſtes penſent mal de la leur. Les uns

& les autres croiroient avoir trahi leur
cause, s'ils avoient abandonné un pouce
de terrain. Ce seroit un miracle que de
persuader à ceux-ci qu'il y a quelque
mérite dans la Religion, & à ceux-là,
que la Vertu n'est pas concentrée toute
entiere dans leur parti. Dans ces extrémités, quiconque s'éleve en faveur de la
Religion & de la Vertu, & s'engage,
en marquant à chacune sa puissance & ses
droits, de les conserver en bonne intelligence, celui-là, dis-je, s'expose à faire
un mauvais * personnage.

Quoi qu'il en soit, si nous préten-

* Je me suis demandé quelquefois pourquoi
tous ces Ecrits dont la fin derniere est proprement de procurer aux hommes un bonheur
infini, en les éclairant sur des vérités surna-
turelles, ne produisent pas autant de fruits qu'on
auroit lieu d'en attendre. Entre plusieurs causes
de ce triste effet, j'en distinguerai deux, la
méchanceté du Lecteur & l'insuffisance de l'E-
crivain. Le Lecteur, pour juger sainement de
l'Ecrivain, devroit lire son ouvrage dans le
silence des passions : l'Ecrivain, pour arriver
à la conviction du Lecteur, devroit par une

dons atteindre à l'évidence & répandre quelques lumieres dans cet Essai, nous

entiere impartialité, réduire au silence les passions dont il a plus à redouter que des raisonnemens. Mais un Ecrivain impartial, un Lecteur équitable sont presque deux êtres de raison, dans les matieres dont il s'agit ici. Je dirois donc à tous ceux qui se préparent d'entrer en lice contre le vice & l'impiété : Examinez-vous, avant que d'écrire. Si vous vous déterminez à prendre la plume, mettez dans vos Ecrits le moins de bile & le plus de sens que vous pourrez. Ne craignez point de donner trop d'esprit à votre Antagoniste. Faites-le paroître sur le champ de bataille avec toute la force, toute l'adresse, tout l'art dont il est capable. Si vous voulez qu'il se confesse vaincu, ne l'attaquez point en lâche. Saisissez-le corps à corps : prenez-le par les endroits les plus inaccessibles. Avez-vous de la peine à le terrasser ? n'en accusez que vous-même : si vous avez fait les mêmes provisions d'armes qu'Abbadie, & Ditton, vous ne risquez rien à montrer sur l'arène la même franchise qu'eux. Mais si vous n'avez ni les nerfs ni la cuirasse de ces athletes, que ne demeurez-vous en repos? Ignorez-vous qu'un sot Livre en ce genre fait plus de mal en un jour, que le meilleur Ouvrage ne fera jamais de bien. Car telle est la méchanceté des hommes que, si vous n'avez rien dit qui vaille, on avilira votre cause, en vous faisant l'honneur de croire qu'il n'y avoit rien de mieux à dire. J'avouerai cependant qu'il y a des hommes assez déréglés pour affecter l'Athéisme &

ne pouvons nous dispenser de prendre les choses de loin & de remonter à la

l'irréligion, à qui par conséquent il vaudroit mieux faire honte de leur vanité ridicule que de les combattre en forme. Car pourquoi chercheroit-on à les convaincre ? Ils ne sont pas proprement incrédules. Si l'on en croyoit Montagne, il faudroit en renvoyer la conversion au Médecin : l'approche du danger leur fera perdre contenance. *S'ils sont assez fous*, dit-il, *ils ne sont pas assez forts. Ils ne lairront de joindre leurs mains vers le Ciel, si vous leur attachez un bon coup d'épée dans la poitrine; & quand la crainte & la maladie aura appesanti cette licencieuse ferveur d'humeur volage, ils ne lairront de se revenir & laisser manier tout discretement aux créances & exemples publics. Autre chose est un dogme sérieusement digéré ; autre chose, ces impressions superficielles lesquelles nées de la débauche d'un esprit démanché, vont nageant témérairement & incertainement dans la fantaisie. Hommes bien misérables & écervelés qui tâchent d'être pires qu'ils ne peuvent.* On ne peut s'empêcher de reconnoître dans cette peinture un très-grand nombre d'impies & il seroit peut-être à souhaiter qu'elle convînt à tous. Mais s'il y a quelques impies de bonne foi, comme la multitude des ouvrages dogmatiques lancés contr'eux ne permet pas d'en douter ; il est essentiel à l'intérêt & même à l'honneur de la Religion, qu'il n'y ait que les esprits supérieurs qui se chargent de les combattre. Quant aux autres qui peuvent avoir autant & quelques

fource tant de la croyance naturelle ,
que des opinions fantafques, concernant
la Divinité. Si nous nous tirons heureufement de ces commencemens épineux,
il faut efpérer que le refte de notre route fera doux & facile.

SECTION SECONDE.

Ou tout eft conforme au bon ordre
dans l'univers ; ou il y a des chofes qu'on
auroit pû former plus adroitement, or-
donner avec plus de fageffe & difpofer
plus avantageufement pour l'intérêt général des êtres & du tout.

Si tout eft conforme au bon ordre ,
fi tout concourt au bien général , fi tout

fois plus de zèle avec moins de lumieres ; ils de-
vroient fe contenter de lever leurs mains vers le
Ciel pendant l'action & c'eft le parti que j'au-
rois pris fans doute, fi je ne regardois l'Auteur
dont je m'appuye à chaque pas , comme un
de ces hommes extraordinaires & proportionnés à la dignité de la caufe qu'ils ont à
foutenir.

eſt fait pour le *mieux* ; il n'y a point de mal *abſolu* dans l'univers , point de mal *relatif au tout.*

Tout ce qui eſt tel qu'il ne peut être *mieux* , eſt parfaitement bon.

S'il y a dans la nature , quelque mal *abſolu* , il eſt poſſible qu'il y eût quelque choſe de *mieux* ; ſinon , tout eſt parfait & comme il doit être.

S'il y a quelque choſe *d'abſolument* mal , il a été produit *à deſſein* ou s'eſt fait par *hazard.*

S'il a été produit *à deſſein* ; ou l'Ouvrier éternel n'eſt pas ſeul , ou n'eſt pas excellent. Car s'il étoit excellent , il n'y auroit point de mal *abſolu* : ou s'il y a quelque mal *abſolu* , c'eſt un autre qui l'aura cauſé.

Si le hazard a produit dans l'univers quelque mal *abſolu* ; l'Auteur de la nature n'eſt pas la cauſe de tout. Conſé-

quemment , fi l'on fuppofe un Etre intelligent qui ne foit que la caufe du bien ;
mais qui n'ait pas voulu , ou qui n'ait
pû prévenir le mal *abfolu* que le hazard
ou quelque Intelligence rivale a produit ;
cet Etre eft impuiffant ou défectueux.
Car ne pouvoir prévenir un mal *abfolu* ,
c'eft impuiffance : ne vouloir pas le
prévenir , quand on le peut , c'eft mauvaife volonté.

L'Etre tout-puiffant dans la Nature
& qu'on fuppofe la gouverner avec intelligence & bonté ; c'eft ce que les
hommes d'un confentement unanime
ont appellé *Dieu*.

S'il y a dans la Nature plufieurs Etres
& femblables & fupérieurs , ce font autant de *Dieux*.

Si cet Etre fupérieur , fuppofé qu'il
n'y en ait qu'un , fi ces Etres fupérieurs ,
fuppofé qu'il y en ait plufieurs , ne font

pas essentiellement *bons*, on les appelle *Démons*.

Croire que tout a été fait & ordonné, que tout est gouverné, pour le *mieux* par une seule Intelligence essentiellement bonne , c'est être un parfait *Théiste.* *

Ne reconnoître dans la Nature d'autre cause , d'autre principe des Etres que le hazard. Nier qu'une Intelligence suprême ait fait , ordonné , disposé tout à quelque bien général ou particulier , c'est être un parfait *Athée.*

Admettre plusieurs Intelligences supérieures , toutes essentiellement bonnes, c'est être *Polithéiste.*

Soutenir que tout est gouverné par

---

* Gardez-vous bien de confondre ce mot avec celui de *Déiste.* Voyez le Traité de la véritable Religion par Monsieur l'Abbé Delachambre Doct. de Sorb. si vous voulez être instruit à fond de la difference du *Théisme* & du *Déisme.*

une ou plufieurs Intelligences capricieu-
fes , qui fans égard pour l'ordre , n'ont
d'autres loix que leurs volontés qui ne
font pas effentiellement bonnes. C'eft
être *Démonifte.*

Il y a peu d'efprits qui ayent été
en tout tems invariablement attachés à
la même hypothefe fur un fujet auffi
profond que la caufe univerfelle des
Etres & l'œconomie générale du Monde : de l'aveu même des perfonnes les
plus religieufes * , toute leur foi leur
fuffit à peine en certains momens pour
les foutenir dans la conviction d'u-
ne Intelligence fuprême ; il eft des conjonctures où frappées des défauts appa-
rents de l'adminiftration de l'Univers ,
elles font violemment tentées de juger
défavantageufement de la Providence.

* Penè moti funt pedes mei , pacem pecca-
torum videns. *David. in Pfal.*

Qu'eſt-ce que *l'opinion* d'un homme ? celle qui lui eſt habituelle. C'eſt l'hypotheſe à laquelle il revient toujours, & non celle dont il n'eſt jamais ſorti, que nous appellerons *ſon ſentiment*. Qui pourra donc aſſurer qu'un homme qui n'eſt pas un ſtupide, eſt un parfait Athée ? Car ſi toutes ſes penſées ne luttent pas en tout tems, en toute occaſion, contre toute idée, toute imagination, tout ſoupçon d'une Intelligence ſupérieure, il n'eſt pas un parfait Athée. De même, ſi l'on n'eſt pas conſtamment éloigné de toute idée de hazard ou de mauvais Génie, on n'eſt pas parfait *Théiſte*. C'eſt le ſentiment dominant qui détermine l'état. Quiconque voit moins d'ordre dans l'univers que de hazard & de confuſion, eſt plus Athée que Théiſte. Quiconque apperçoit dans le monde des traces plus diſtinctes d'un mauvais Génie que d'un bon , eſt moins Théiſte que Démoniſte. Mais tous ces Syſtématiques prendront leur dénomination , ſelon le côté où l'eſprit ſe ſera fixé le plus ſouvent , dans ſes oſcillations.

Du mélange de ces opinions , il en réſulte un grand nombre d'autres * , toutes différentes entr'elles.

* Le Théiſme avec le Démoniſme. Le Démoniſme avec le Polythéiſme. Le Déiſme avec l'Athéiſme. Le Démoniſme avec l'Athéiſme. Le Polythéiſme avec l'Athéiſme. Le Theiſme avec le Polythéiſme. Le Théiſme ou le Polythéiſme avec le Démoniſme , ou avec le Démoniſme & l'Athéiſme. Ce qui arrive , lorſqu'on admet

Un Dieu dont la nature eſt bonne & mauvaiſe ; ou deux principes , l'un pour le bien & l'autre pour le mal.

Ou pluſieurs Intelligences ſuprêmes & mauvaiſes , ce que l'on pourroit proprement appeller Polydémoniſme.

Ou lorſque Dieu & le hazard partagent l'empire de l'Univers.

Ou lorſque l'Univers eſt gouverné par le hazard & par un mauvais Génie.

Ou lorſqu'on admet pluſieurs Intelligences mauvaiſes , ſans exclure le hazard.

Ou , lorſqu'on ſuppoſe le Monde fait &

L'Athéifme feul exclut toute Religion. Le parfait Démonifte peut avoir un culte. Nous connoiffons même des Nations entiéres qui adorent un Diable à qui la frayeur feule porte leurs priéres, leurs offrandes & leurs facrifices ; & nous n'ignorons pas que dans quelques Religions, on ne regarde Dieu que comme un Etre, violent, defpotique, arbitraire & deftinant les Créatures à un malheur inévitable, fans aucun mérite ou démérite prévû ; c'eft-à-dire, qu'on éleve un Diable fur ces autels où l'on croit adorer un Dieu.

Outre les fectateurs des différentes opinions dont nous venons de faire

gouverné par plufieurs Intelligences toutes bienfaifantes.

Ou lorfqu'on admet plufieurs Intelligences fuprêmes tant bonnes que mauvaifes.

Ou lorfqu'on fuppofe que l'adminiftration des chofes eft partagée entre plufieurs Intelligences tant bonnes que mauvaifes, & le hazard.

mention

mention , nous remarquerons de plus qu'il y a beaucoup de personnes qui par esprit de septicisme , par indolence, ou par défaut de lumiéres ne sont décidées pour aucune.

Tous ces syslêmes supposés , il nous reste à examiner comment chaque syslême en particulier & l'indécision même s'accordent avec la Vertu, & jusqu'où ils sont compatibles avec un caractère honnête & moral.

PARTIE SECONDE.

SECTION PREMIERE.

LORSQUE je tourne les yeux sur les Ouvrages d'un Artiste ou sur quelque production ordinaire de la Nature & que je sens en moi-même combien il est difficile de parler avec exactitude des *parties* , sans une connoissance

I. Partie. B

profonde du *Tout* ; je ne suis point étonné de notre insuffisance dans les recherches qui concernent le Monde, le chef-d'œuvre de la Nature. Cependant à force d'observations & d'étude, à force de combiner les proportions & les formes dont la plûpart des Créatures qui nous environnent, sont revêtuës, nous sommes parvenus à déterminer quelques-uns de leurs usages. Mais quelle est la fin de ces Créatures en particulier ? En général même, à quoi sert l'espece entiére de quelques-unes d'entr'elles ? C'est ce que nous ne connoîtrons peut-être jamais. Cependant

Nous sçavons que chaque Créature a un *Intérêt privé*, un *bien-être* qui lui est propre, & auquel elle tend de toute sa puissance ; penchant raisonnable qui a son origine dans les avantages de sa conformation naturelle. Nous sçavons que fa condition *relative* aux autres Etres eft bonne ou mauvaife ; qu'elle affectionne la bonne, & que le Créateur lui en a facilité la poffeffion. Mais fi toute Créature a un bien particulier, un intérêt privé, un but auquel tous les avantages de fa conftitution font naturellement dirigés ; & fi je remarque dans les paffions, les fentimens, les affections d'une Créature, quelque chofe qui l'éloigne de fa fin ; j'affurerai qu'elle eft mauvaife & mal conditionnée. Par rapport à elle-même, cela eft évident. De plus, fi ces fentimens, ces appétits qui l'écartent de fon but naturel, croifent encore celui de quelqu'individu de fon efpece, j'ajouterai qu'elle eft mauvaife & mal conditionnée, relativement aux autres. Enfin, fi le même défordre dans fa conftitution naturelle qui la rend mauvaife par rapport aux autres, la rendoit aussi mauvaise par rapport à elle-même ; si la même œconomie dans ses affections qui la qualifie bonne par rapport à elle-même, produisoit le même effet relativement à ses semblables ; elle trouveroit en ce cas son avantage particulier en cette bonté, par laquelle elle feroit le bien d'autrui ; & c'est en ce sens que l'intérêt privé peut s'accorder avec la Vertu morale.

Nous approfondirons ce point dans la derniére partie de cet essai. Notre objet, quant-à-present, c'est de chercher en quoi consiste cette qualité que nous désignons par le nom de *bonté*. Qu'est-ce que la *bonté* ?

Si un Historien ou quelque Voyageur nous faisoit la description d'une Créature parfaitement isolée, sans supérieure, sans égale, sans inférieure, à l'abri de tout ce qui pourroit émouvoir ses passions ;

seule en un mot de son espece , nous dirions sans hésiter , *que cette Créature singuliere doit être plongée dans une affreuse mélancholie ; car quelle consolation pourroit-t'elle avoir en un Monde qui n'est pour elle qu'une vaste solitude.* Mais si l'on ajoutoit, *qu'en dépit des apparences , cette Créature joüit de la vie , sent le bonheur d'exister , & trouve en elle-même de la félicité.* Alors nous pourrions convenir *que ce n'est pas tout-à-fait un monstre & que relativement à elle-même , sa constitution naturelle n'est pas entiérement absurde ; mais nous n'irions jamais jusqu'à dire que cet Etre est bon.* Cependant si l'on insistoit & qu'on nous objectât *qu'il est parfait dans sa maniere,& conséquemment que nous lui refusons à tort l'épithete de bon ; car qu'importe qu'il ait quelque chose à démêler avec d'autres , ou non ?* il faudroit bien franchir le mot ,

B iij

& reconnoître *que cet Etre est bon ; s'il est possible toutefois qu'il soit parfait en soi-même , sans avoir aucun rapport avec l'univers dans lequel il est placé.* Mais si l'on venoit à découvrir à la longue quelque syslême dans la Nature dont on pût considérer ce vivant Automate , comme faisant partie , il perdroit incontinent le titre de bon , dont nous l'avions décoré. Car comment conviendroit-il à un individu qui par sa solitude & son inaction tendroit aussi directement à la ruine de son espece. *

* Divin Anachorete , suspendez un moment la profondeur de vos méditations , & daignez détromper un pauvre *Mondain* & qui fait gloire de l'être. J'ai des passions & je serois bien fâché d'en manquer : c'est très-passionnément que j'aime mon Dieu , mon Roi , mon Pays , mes Parens , mes Amis , ma Maîtresse & moi-même.

Je fais un grand cas des richesses : j'en ai beaucoup & j'en désire encore ; un homme bienfaisant en a-t'il jamais assez ? Qu'il me feroit doux de pouvoir animer ce talent qui languit sous mes yeux , unir ces Amans que l'indigence retient dans le célibat , venger par

Mais si dans la structure de cet Animal ou de tout autre, j'entrevois des liens qui l'attachent à des Etres connus & différens de lui ; si sa conformation m'indique des rapports , même à d'autres especes que la sienne ; j'assurerai qu'il fait partie de quelque système. Par exemple , s'il est mâle , il a rapport en cette qualité avec la femelle ; & la conformation relative du mâle & de la femelle annonce une nouvelle chaîne

mes largesses ce laborieux Commerçant des revers de la fortune ? Je ne fais chaque jour qu'un ingrat ; que ne puis-je en faire un cent ? C'est à mon aisance , Religieux fanatique , que vous devez le pain que votre quêteur vous apporte.

J'aime les plaisirs honnêtes : je les quitte le moins que je peux : je les conduis d'une table moins somptueuse que délicate , à des jeux plus amusans qu'intéressés que j'interromps pour pleurer les malheurs d'Andromaque ou rire des boutades du Misantrope : je me garderai bien de les exiler par de noires réflexions : que l'épouvante & le trouble poursuivent sans cesse le crime ! l'espoir & la tranquillité, compagnes inséparables de la justice , me

d'Etres & un nouvel ordre de chofes.
C'eft celui d'une efpece ou d'une race
particuliere de Créatures qui ont une
tige commune; race qui s'accroît & s'é-
ternife aux dépens de plufieurs fyftêmes
qui lui font deftinés.

Donc fi toute une efpece d'animaux
contribue à l'exiftence ou au bien-être
d'un autre efpece; l'efpece facrifiée n'eft
que partie d'un autre fyftême.

L'exiftence de la Mouche eft néceffaire à la fubfiftance de l'Araignée : auffi
le vol étourdi, la ftructure délicate ,
& les membres déliés de l'un de ces

conduiront par la main jufqu'au bord du précipice que le fage Auteur de mes jours m'a
dérobé par les fleurs dont il l'a couvert ; &
malgré les foins avec lefquels vous vous pré-
parez à un inftant que je laiffe venir , je doute
que votre fin foit plus douce & plus heureufe
que la mienne. En tout cas, fi la confcience
reproche à l'un de nous deux d'avoir été inutile
à fa Patrie , à fa Famille & à fes Amis ; je
ne crains point que ce foit à moi.

Infectes ne le deſtinent pas moins évidemment à être la *proye* ; que la force, la
vigilance & l'adreſſe de l'autre à être le
prédateur. Les toiles de l'Araignée ſont
faites pour des aîles de Mouche.

Enfin le rapport mutuel des membres
du Corps Humain ; dans un Arbre, celui des feuilles aux branches & des branches au tronc, n'eſt pas mieux caractériſé,
que l'eſt dans la conformation & le
génie de ces animaux, leur deſtination
réciproque.

Les Mouches ſervent encore à la
ſubſiſtance des Poiſſons & des Oiſeaux.
Les Poiſſons & les Oiſeaux à la ſubſiſtance d'une autre eſpece. C'eſt ainſi
qu'une multitude de ſyſtêmes différens ſe réuniſſent & ſe fondent, pour
ainſi dire, les uns dans les autres pour
ne former qu'un ſeul ordre de choſes.

Tous les Animaux compoſent un

fyftême, & ce fyftême eft foumis à des loix méchaniques felon lefquelles tout ce qui y entre eft calculé.

Or, fi le fyftême des Animaux fe réunit au fyftême des Végétales, & celui-ci au fyftême des autres Etres qui couvrent la furface de notre Globe; pour conftituer enfemble le fyftême Terreftre. Si la Terre elle-même a des relations connues avec le Soleil & les Planetes, il faudra dire que tous ces fyftêmes ne font que des parties d'un fyftême plus étendu. Enfin fi la Nature entiére n'eft qu'un feul & vafte fyftême que tous les autres Etres compofent; il n'y aura aucun de ces Etres qui ne foit mauvais ou bon par rapport à ce grand Tout, dont il eft une Partie *; car fi cet Etre eft fuperflu, ou déplacé, c'eft

* Dans l'Univers tout eft uni. Cette vérité fut un des premiers pas de la Philofophie, & ce

une imperfection & conséquemment un mal absolu dans le système général.

fut un pas de Géant. *Ac mihi quidem veteres illi majus quiddam animo complexi, multo plus etiam vidisse videntur, quàm quantum nostrorum acies intueri potest; qui omnia hæc quæ supra & subter; unum esse & unâ vi, atque unâ consensione Naturæ constricta esse dixerunt: Nullum est enim genus rerum, quod aut avulsum à cæteris per seipsum constare, aut quo cætera si careant, vim suam atque æternitatem conservare possint. Cic. Lib. 3. de Orat.* Toutes les découvertes des Philosophes modernes se réunissent pour constater la même proposition. Tous les Auteurs de système, sans en excepter Epicure, la supposoient, lorsqu'ils ont considéré le Monde comme une Machine dont ils avoient à expliquer la formation & à développer les ressorts secrets. Plus on voit loin dans la Nature, & plus on y voit d'union. Il ne nous manque qu'une Intelligence & des Expériences proportionnées à la multitude des Parties & à la grandeur du Tout, pour parvenir à la démonstration. Mais si le Tout est immense; si le nombre des Parties est infini; devons-nous être surpris que cette union nous échappe souvent? Quelle raison a-t'on d'en conclure qu'elle ne subsiste pas. Je ne vois pas comment ce Phénomene fatal à cette espece est, par une suite de l'ordre universel des choses, avantageux à une autre espece; donc l'ordre universel est une chimere. Voilà le raisonnement de ceux qui attaquent la nature.

Si un Etre est absolument mauvais ;
il est tel relativement au systême général,
& ce systême est imparfait. Mais si le mal
d'un systême particulier fait le bien d'un
autre systême , si ce mal apparent contribue au bien général ; comme il arrive, lorsqu'une espece subsiste par la destruction
d'une autre ; lorsque la corruption d'un
Etre en fait éclorre un nouveau ; lorsqu'un tourbillon se fond dans un tourbillon voisin. Ce mal particulier n'est pas
un mal absolu ; non plus qu'une dent qui

Voici maintenant la réponse & le raisonnement de ceux qui la défendent : je suis en état
de démontrer que ce qui fait en mille occa-
sions le mal d'un systême , se tourne , par une
suite merveilleuse de l'ordre universel, à l'avantage d'un autre ; donc lorsque je n'ai pas la
même évidence par rapport à d'autres Phéno-
menes semblables , ce n'est point altération
dans l'ordre ; mais insuffisance dans mes lumieres ; donc l'ordre universel des choses n'en
est pas moins réel & parfait. Entre la pré-
somption raisonnable de ceux-ci & l'ignorante
témérité de leurs antagonistes, il n'est pas difficile de prendre parti.

pousse avec douleur, n'est un mal réel dans un système, que cet inconvenient prétendu conduit à sa perfection

Nous nous garderons donc de prononcer qu'un Etre est absolument mauvais, à moins que nous ne soyons en état de démontrer qu'il n'est bon dans aucun système. *

Si l'on remarquoit dans la Nature une

* Que deviennent donc les Manichéens avec la nécessité prétendue de leurs principes ? où aboutissent les reproches que les Athées font à la Nature ? On diroit à les entendre dogmatiser, qu'ils sont initiés dans tous ses desseins, qu'ils ont une connoissance parfaite de ses ouvrages, & qu'ils seroient en état de se mettre au gouvernail & de manœuvrer à sa place. Et ils ne veulent pas s'appercevoir qu'ils sont, par rapport à l'univers, dans un cas plus désavantageux qu'un de ces Mexiquains qui ne connoissant ni la Navigation, ni la nature de la Mer, ni les propriétés des vents & des eaux, s'éveilleroit au milieu d'un Vaisseau, arrêté en plein Océan par un calme profond. Que penseroit-il en considérant cette pesante Machine suspendue sur un Elément sans consistance ? Et que penseroit-on de lui, s'il venoit à traiter de poids incommodes & superflus,

efpece qui fût incommode à toute autre ; cette efpece mauvaife relativement au fyftême général feroit mauvaife en elle-même. De même dans chaque efpece d'Animaux ; par exemple, dans l'efpece Humaine, fi quelqu'individu eft d'un caractère pernicieux à tous fes femblables, il méritera le nom de mauvais dans fon efpece.

Je dis *d'un caractère pernicieux* ; car un méchant Homme, ce n'eft ni celui dont le corps eft couvert de pefte, ni celui qui dans une fievre violente, s'é-lance, frappe & bleffe quiconque ofe l'approcher. Par la même raifon, je

les ancres, les voiles, les mats, les échelles, les vergues & tout cet attirail de cordages dont il ignoreroit l'utilité. En attendant qu'il fût mieux inftruit, (dût-il ne l'être jamais parfaitement), ne lui feroit-il pas mieux de juger, fur les proportions qu'il remarque dans le petit nombre de parties qui font à fa por-tée, plus avantageufement de l'Ouvrier & du Tout.

n'appellerai point honnête-homme celui qui ne bleſſe perſonne, parce qu'il eſt étroitement garotté, ou, ce qui revient à cet état, celui qui n'abandonne ſes mauvais deſſeins que par la crainte d'un châtiment ou par l'eſpoir d'une récompenſe.

Dans une Créature raiſonnable, tout ce qui n'eſt point fait par affection n'eſt ni mal, ni bien : l'Homme n'eſt bon ou méchant que, lorſque l'intérêt ou le déſavantage de ſon ſyſtême eſt l'objet immédiat de la paſſion qui le meut.

Puiſque l'inclination ſeule rend la Créature méchante ou bonne, conforme à ſa nature, ou dénaturée. Nous allons maintenant examiner quelles ſont les inclinations naturelles & bonnes, & quelles ſont les affections contraires à ſa ſa nature, & mauvaiſes.

Section Seconde.

Remarquez d'abord que toute affection qui a pour objet un bien imaginaire, devenant superfluë & diminuant l'énergie de celles qui nous portent aux biens réels, est vicieuse en elle-même & mauvaise relativement à l'intérêt particulier & au bonheur de la Créature.

Si l'on pouvoit supposer que quelqu'un de ces penchans qui entraînent la Créature à ses intérêts particuliers, fût, dans son énergie légitime, incompatible avec le bien général, un tel penchant seroit vicieux. Conséquemment à cette hypothèse, une Créature ne pourroit agir conformément à sa nature sans être mauvaise dans la société ; ou contribuer aux intérêts de la société, sans être dénaturée par rapport à elle-même. Mais si le penchant a ses intérêts

privés,

privés, n'est injurieux à la société, que quand il est excessif, & jamais lorsqu'il est tempéré; nous dirons alors que l'excès a rendu vicieux un penchant qui dans sa nature étoit bon. Ainsi toute inclination qui portera la Créature à son bien particulier; pour être vicieuse, doit être nuisible à l'intérêt public. C'est ce défaut qui caractérise l'Homme intéressé, défaut contre lequel on se récrie si haut*, quand il est trop marqué.

* Tous les Livres de Morale sont pleins de déclamations vagues contre l'intérêt. On s'épuise en détails, en divisions, & en subdivisions pour en venir à cette conclusion énigmatique, *que quel que soit le désintéressement spécieux, quelle que soit la générosité apparente dont nous nous parions; au fond, l'intérêt & l'amour-propre sont les seuls principes de nos actions.* Si au lieu de courir après l'esprit & d'arranger des Phrases, ces Auteurs, partant de définitions exactes, avoient commencé par nous apprendre ce que c'est qu'Intérêt; ce qu'ils entendent par Amour-propre; leurs Ouvrages avec cette Clef pourroient servir à quelque chose. Car nous sommes tous d'accord que la Créature peut s'aimer, peut tendre à ses intérêts, &

I. Partie. C

Mais si dans la Créature , l'amour de son intérêt propre n'est point incompatible avec le bien général , quelque concentré que cet amour puisse être ; s'il est même important à la société que chacun de ses membres s'applique férieufement à ce qui le concerne en son particulier,ce fentiment est fi peu vicieux, que la Créature ne peut être bonne fans en être pénétrée : car fi c'est faire tort à la fociété que de négliger fa confervation ; cet excès de defintéreffement rendroit la Créature méchante & dénaturée , autant que l'abfence de toute

pourfuivre fon bonheur temporel , fans ceffer d'être vertueufe. La queftion n'est donc pas de fçavoir , fi nous avons agi par amour-propre ou par intérêt ; mais de déterminer quand ces deux fentimens concouroient au but que tout homme fe propofe, c'est-à-dire ; à fon bonheur. Le dernier effort de la prudence humaine , c'est de s'aimer, c'est d'entendre fes intérêts , c'est de connoître fon bonheur comme il faut.

autre affection naturelle. Jugement qu'on ne balanceroit pas à porter, si l'on voyoit un homme fermer les yeux sur les précipices qui s'ouvriroient devant lui ; ou, sans égard pour son tempérament & pour sa santé, braver la distinction des saisons & des vêtemens. On peut envelopper dans la même condamnation quiconque seroit frappé * d'aversion pour le commerce des femmes, & qu'un tempérament dépravé, mais non pas un vice de conformation, rendroit inhabile à la propagation de l'espece.

L'amour des intérêts privés peut donc

* On considere ici l'Homme dans l'état de pure nature, & il n'est pas question de ces Hommes saints qui se sont éloignés du Sexe, par un esprit de continence qu'on se garde bien de blâmer. Il est évident que cet endroit ne leur convient en aucune façon ; car on ne peut assurément les accuser d'aversion pour les Femmes ou de dépravation dans le tempérament.

être bon ou mauvais : ſi cette paſſion eſt trop vive , & telle , par exemple , qu'un attachement à la vie qui nous rendroit incapable d'un acte généreux , elle eſt vicieuſe ; & conſéquemment la Créature qu'elle dirige eſt mal dirigée & plus ou moins mauvaiſe. Celui donc à qui , par un déſir exceſſif de vivre , il arriveroit de faire quelque bien , ne mérite non plus par le bien qu'il fait , qu'un Avocat qui n'a que ſon ſalaire en vuë , lors même qu'il défend la cauſe de l'innocence ; ou qu'un ſoldat qui , dans la guerre la plus juſte , ne combat que parce qu'il reçoit la paye.

Quelqu'avantage que l'on ait procuré à la Société ; le motif ſeul fait le mérite. Illuſtrez-vous par de grandes actions , tant qu'il vous plaira ? Vous ſerez vicieux , tant que vous n'agirez que par des principes intéreſſés. Vous pourfuivez votre bien particulier, avec toute la modération poffible ; à la bonne heure : mais vous n'aviez point d'autre motif en rendant à votre efpece, ce que vous lui deviez par inclination naturelle ; vous n'êtes pas vertueux.

En effet quels que foient les fecours étrangers qui vous ont incliné vers le bien : quoi que ce foit qui vous ait prêté main-forte contre vos inclinations perverfes, tant que vous conferverez le même caractère, je ne verrai point en vous de bonté. Vous ne ferez bon que quand vous ferez le bien d'affection & de cœur.

Si par hazard, quelqu'une de ces Créatures douces, privées, & amies de l'Homme, développant un caractère contraire à fa conftitution naturelle, devenoit fauvage & cruelle ; on ne manqueroit pas d'être frappé de ce phé-

noméne & de se récrier sur sa dépravation. Supposons maintenant que le
tems & des soins la dépouillassent de
cette férocité accidentelle & la rame-
nassent à la douceur de celles de son espece, on diroit que cette Créature s'est
rétablie dans son état naturel. Mais si
la guérison n'est que simulée ; si l'animal hypocrite revient à sa méchanceté,
sitòt que la crainte de son Geolier l'a-
bandonne ; direz-vous que la douceur
est son vrai caractère , son caractère
actuel ? non , sans doute. Le tempérament est tel qu'il étoit , & l'Animal est
toujours méchant.

Donc la bonté ou la méchanceté animales * de la Créature a sa source

* Il y a trois especes de Bonté. Une bonté
d'être ; c'est une certaine convenance d'attributs qui constitue une chose ce qu'elle est.
Les Philosophes l'appellent *Bonitas Entis.*
Une Bonté animale. C'est une œconomie
dans les passions que toute Créature sensible

dans son tempérament actuel. Donc la Créature sera bonne en ce sens, lorsqu'en suivant la pente de ses affections, elle aimera le bien & le fera sans contrainte, & qu'elle haïra & fuira le mal, sans effroi pour le châtiment.

& bien constituée reçoit de la Nature. C'est en ce sens qu'on dit d'un Chien de chasse, lorsqu'il est bon, qu'il n'est ni lâche ni opiniâtre, ni lent ni emporté, ni timide ni indocile; mais ardent, intelligent & prompt.

Une Bonté raisonnée propre à l'Etre pensant, qu'on appelle Vertu : qualité qui est d'autant plus méritoire en lui qu'étoient grandes les mauvaises dispositions qui constituent la méchanceté animale, & qu'il avoit à vaincre pour parvenir à la Bonté raisonnée. Exemple.

Nous naissons tous plus ou moins depravés ; les uns timides, ambitieux, & coleres ; les autres avares, indolens & téméraires : mais cette dépravation involontaire du tempérament ne rend point par elle-même, la Créature vicieuse : au contraire elle sert à relever son mérite, lorsqu'elle en triomphe. Le sage Socrate nâquit avec un penchant merveilleux à la luxure. Pour juger combien on est éloigné du sentiment impie & bizarre de ceux qui donnent tout au tempérament, vices & vertus ; on n'a qu'à lire la section suivante & sur-tout le commencement de la Section quatriéme.

C iiij

La Créature fera méchante au contraire , fi elle ne reçoit pas de fes inclinations naturelles la force de remplir
fes fonctions , ou fi des inclinations dé-
pravées l'entraînent au mal & l'éloignent
du bien qui lui font propres.

En général , lorfque toutes les affections font d'accord avec l'intérêt de
l'efpece , le tempérament naturel eft
parfaitement bon. Au contraire , fi l'on
manque de quelqu'affection avantageufe ,
ou qu'on en ait de fuperflues , de foibles , de nuifibles , & d'oppofées à
cette fin principale , le tempérament
eft dépravé , & conféquemment l'animal
eft méchant ; il n'y a que du plus ou
du moins.

Il eft inutile d'entrer ici dans le détail des affections & de démontrer que
la colere , l'envie , la pareffe , l'orgueil
& le refte de ces paffions généralement

déteſtées , ſont mauvaiſes en elles-mêmes , & rendent méchante la Créature
qui en eſt affectée. Mais il eſt à propos
d'obſerver que la tendreſſe la plus naturelle , celle des meres pour leurs petits , & des parens pour leurs enfans
a des bornes preſcrites , au-delà deſ-
quelles elle dégénere en vice. L'excès
de l'affection maternelle peut anéantir
les effets de l'amour , & le trop de commiſération mettre hors d'état de procurer du ſecours. Dans d'autres conjonctures , le même amour peut ſe
changer en une eſpece de phrénéſie ;
la pitié devenir foibleſſe ; l'horreur de
la mort ſe convertir en lâcheté ; le mépris des dangers en témérité ; la haine
de la vie ou toute autre paſſion qui
conduit à la deſtruction , en déſeſpoir
ou folie.

SECTION TROISIEME.

Mais pour passer de cette bonté pure & simple dont toute Créature sensible est capable, à cette qualité qu'on appelle *Vertu* & qui convient ici bas à l'Homme seul.

Dans toute Créature capable de se former des notions exactes des choses, cette écorce des Etres dont les sens sont frappés n'est pas l'unique objet de ses affections. Les actions elles-mêmes, les passions qui les ont produites, la commisération, l'affabilité, la reconnoissance & leurs Antagonistes s'offrent bien-tôt à son esprit, & ces familles ennemies qui ne lui sont point étrangeres, sont pour elle de nouveaux objets d'une tendresse ou d'une haine réfléchie.

Les sujets intellectuels & moraux

agissent sur l'esprit à-peu-près de la même maniere que les Etres organisés, sur les sens. Les figures, les proportions, les mouvemens & les couleurs de ceux-ci ne sont pas plutôt exposés à nos yeux, qu'il résulte de l'arrangement & de l'œconomie de leurs parties, une beauté qui nous récrée, ou une difformité qui nous choque. Tel est aussi sur les esprits, l'effet de la conduite & des actions humaines. La régularité & le désordre dans ces objets les affectent diversement, & le jugement qu'ils en portent n'est pas moins nécessité que celui des sens.

L'entendement a ses yeux : les esprits entr'eux se prêtent l'oreille : ils apperçoivent des proportions : ils sont sensibles à des accords : ils mesurent, pour ainsi dire, les sentimens & les pensées. En un mot, ils ont leur critique à qui rien n'échappe. Les fens ne font ni plus réellement ni plus vivement frappés foit par les nombres de la Mufique, foit par les formes & les proportions des Etres corporels ; que les efprits par la connoiffance & le détail des affections. Ils diftinguent dans les caractères, douceur & dureté ; ils y démêlent l'agréable & le dégoûtant, le diffonnant & l'harmonieux ; en un mot, ils y difcernent & laideur & beauté; laideur qui va jufqu'à exciter leur mépris & leur averfion ; beauté qui les tranfporte quelquefois d'admiration & les tient en extafe. Devant tout Homme qui péfe murement les chofes, ce feroit une affectation puérile * que de nier qu'il y ait dans les Etres moraux,

* En effet n'eft-ce pas une puérilité que de nier ce dont on eft évidemment foi-même affecté. Lorfque quelques-uns de nos dogmatiftes modernes, nous affurent de la meilleure

ainſi que dans les objets corporels , un

foi du monde diſent-ils , " que la Divinité
„ n'eſt qu'un vain phantôme ; que le vice &
„ la vertu ſont des préjugés d'éducation ; que
„ l'immortalité de l'ame ; que la crainte des
„ peines & l'eſpérance des récompenſes à venir
„ ſont chimériques „ ne ſont-ils pas actuellement ſous le *charme* ? Le plaiſir de paroître
ſincère n'agit-il pas en eux ? ne ſont-ils pas
affectés du *decorum & dulce* ? Car enfin leur
intérêt privé demanderoit qu'ils ſe réſervaſſent
toutes ces rares connoiſſances : plus elles ſeront
divulguées , moins elles leur ſeront utiles. Si
tous les hommes ſont une fois perſuadés que les
Loix Divines & humaines ſont des barrieres
qu'on a tort de reſpecter lorſqu'on peut les
franchir ſans danger , il n'y aura plus de dup-
pes que les Sots. Qui peut donc les engager
à parler , à écrire & à nous détromper même
au péril de leur vie ; car ils n'ignorent pas
que leur zèle eſt aſſez mal récompenſé par le
gouvernement : il me ſemble que j'entends
M. S. qui dit à un de ces Docteurs , " La
„ Philoſophie que vous avez la bonté de me
„ révéler , eſt tout-à-fait extraordinaire. Je
„ vous ſuis obligé de vos lumieres : mais quel
„ intérêt prenez-vous à mon inſtruction ? Que
„ vous ſuis-je ? êtes-vous mon Pere ? quand
„ je ſerois votre Fils ; me devriez-vous quel-
„ que choſe en cette qualité ? Y auroit-il en
„ vous quelqu'*affection naturelle*, quelque ſoup-
„ çon qu'il eſt doux, qu'il eſt beau de détrom-
„ per à ſes riſques & fortunes , un indifférent,
„ ſur des choſes qui lui importent ? Si vous

vrai beau, un beau essentiel, un sublime réel. *

„ n'éprouvez rien de ces sentimens, vous pre-
„ nez bien de la peine, & vous courez de
„ grands dangers pour un homme qui ne sera
„ qu'un ingrat, s'il suit exactement vos prin-
„ cipes : que ne gardez-vous votre secret pour
„ vous ? Vous en perdez tout l'avantage en
„ le communiquant. Abandonnez-moi à mes
„ préjugés : il n'est bon ni pour vous ni pour
„ moi que je sçache que la nature m'a fait
„ Vautour & que je peux demeurer en conscien-
„ ce tel que je suis.

   * S'il n'y a ni beau, ni grand, ni sublime
dans les choses ; que deviennent l'amour, la
gloire, l'ambition, la valeur ? à quoi bon
admirer un Poëme ou un Tableau, un Palais ou un Jardin ; une belle taille ou un beau
visage ? Dans ce systême phlegmatique ; l'hé-
roïsme est une extravagance. On ne fera pas
plus de quartier aux Muses : le Prince des
Poëtes ne sera qu'un Ecrivain suffisamment
insipide. Mais cette Philosophie meurtriére se
dément à chaque moment ; & ce Poëte qui
a employé tous les charmes de son art pour
décrier ceux de la Nature, s'abandonne plus
que personne aux transports, aux ravissemens
& à l'enthousiasme : & à en juger par la vivacité de ses descriptions, qui que ce soit
ne fut plus sensible que lui aux beautés de
l'Univers. On pourroit dire que sa Poësie fait
plus de tort à l'hypothèse des Atomes que
tous ses raisonnemens ne lui donnent de vrai-

Or de même que les objets senfibles,
les images des Corps, les couleurs &

femblance. Ecoutons-le chanter un moment.

Alma Venus , Cœli fubter labentia figna
Quæ mare navigerum , quæ terras frugife-
*   rentes*
Concelebras   .   .   .   .   .   .
Quæ , quoniam rerum naturam fola gubernas,
Nec fine te quicquam Dias in luminis oras
Exoritur ; neque fit lætum , neque amabile
*   quicquam ;*
Te fociam ftudeo fcribundis verfibus effe.

Quand on a fenti toute la grace de cette in-
vocation , tout ce qu'on peut alléguer contre
la beauté , ne doit faire qu'une impreffion bien
legère.
Et ailleurs.

*   Belli fera munera mavors*
Armipotens regit , in gremium qui fæpe tuum fe
Rejicit æterno devinctus vulnere amoris . . .
Pafcit amore avidos inhians in te, Dea, vifus
Eque tuo pendet refupini fpiritus ore . . . .
Hunc tu, Diva, tuo recubantem corpore fancto
Circumfufa fuper , fuaves ex ore loquelas
Funde.

Je conviens que ces vers font d'une grande
beauté , dira-t'on. Il y a donc quelque chofe

les sons agissent perpétuellement sur nos yeux, affectent nos sens, lors

de beau ? Sans doute, mais ce n'est pas dans la chose décrite, c'est dans la description : il n'est point de monstre odieux qui par l'art imité ne puisse plaire aux yeux : quelque difforme que soit un Etre, (si toutesfois il y a difformité réelle), il plaira, pourvu qu'il soit bien représenté. Mais cette représentation qui me ravit, ne suppose aucune beauté dans la chose : ce que j'admire, c'est la conformité de l'Objet & de la Peinture. La Peinture est belle ; mais l'Objet n'est ni beau ni laid.

Pour satisfaire à cette objection, je demanderai ce qu'on entend par un *Monstre*. Si l'on désigne par ce terme un composé de parties rassemblées au hazard, sans liaison, sans ordre, sans harmonie, sans proportion, j'ose assurer que la représentation de cet Etre ne sera pas moins choquante que l'Etre lui-même. En effet, si dans le dessein d'une Tête, un Peintre s'étoit avisé de placer les dents audessous du menton, les yeux à l'occiput, & la langue au front ; si toutes ces parties avoient encore entr'elles des grandeurs démesurées ; si les dents étoient trop grandes & les yeux trop petits, relativement à la Tête entiere, la délicatesse du pinceau ne nous fera jamais admirer cette figure. *Mais*, ajoutera-t'on, *si nous ne l'admirons pas, c'est qu'elle ne ressemble à rien.* Cela supposé, je refais la même question, qu'entendez-vous donc par un *Monstre ?* Un Etre qui ressemble à quelque chose, tel que la

même

même que nous sommeillons. Les Etres
intellectuels & moraux , non moins

Sirene , l'Hyppogrife , le Faune , le Sphinx,
la Chimere, & les Dragons aîlés ? mais n'ap-
percevez-vous pas que ces Enfans de l'imagination des Peintres & des Poëtes n'ont rien
d'absurde dans leur conformation ; que, quoiqu'ils n'existent pas dans la Nature, ils n'ont
rien de contradictoire aux idées de liaison,
d'harmonie, d'ordre & de proportion : il y a
plus ; n'est-il pas constant qu'aussi-tôt que ces
figures pécheront contre ces idées , elles cesseront d'être belles ? Cependant puisque ces Etres
n'existent point dans la Nature , qui est-ce
qui a déterminé la longueur de la queuë de
Sirene , l'étendue des aîles du Dragon , la
position des yeux du Sphinx , & la grosseur
de la cuisse veluë & du pied fourchu des
Sylvains ? Car ces choses ne sont pas arbitraires. On peut répondre *que pour appeller*
beaux , ces Etres possibles , nous avons désiré
sans fondement que la Peinture observât en eux
les mêmes rapports que ceux que nous avons trou-
vé établis dans les Etres existans , & que c'est
encore ici la ressemblance qui produit notre ad-
miration. La question se réduit donc enfin à
sçavoir si c'est raison ou caprice qui nous a
fait exiger l'observation de la loi des Etres
réels dans la Peinture des Etres imaginaires :
question décidée, si l'on remarque que dans
un Tableau, le Sphinx, l'Hyppogrife, & le
Sylvain sont en action ou sont superflus : s'ils
agissent , les voilà placés sur la toile , de même

I. Partie. D

puiſſans ſur l'eſprit, l'appliquent & l'e-
xercent en tout tems. Ces formes le
captivent dans l'abſence même des réa-
lités.

Mais le cœur regarde-t'il avec indifférence les eſquiſſes des mœurs que
l'eſprit eſt forcé de tracer, & qui lui ſont
preſque toujours preſentes ? Je m'en
rapporte au ſentiment intérieur. Il me dit
qu'auſſi néceſſité dans ſes jugemens, que

que l'Homme, la Femme, le Cheval & les autres
Animaux ſont placés dans l'Univers : or dans
l'Univers les devoirs à remplir déterminent l'organiſation : l'organiſation eſt plus ou moins
parfaite ſelon le plus ou le moins de facilité
que l'Automate en reçoit pour vaquer à ſes
fonctions : car qu'eſt-ce qu'un bel Homme ? ſi
ce n'eſt celui dont les membres bien proportionnés conſpirent de la façon la plus avantageuſe
à l'accompliſſement des fonctions animales.
Mais cet avantage de conformation n'eſt point
imaginaire : les formes qui le produiſent ne
ſont pas arbitraires, ni par conſéquent la beauté qui eſt une ſuite de ces formes. Tout cela
eſt évident pour quiconque connoît un peu les
proportions géométriques que doivent obſerver
les parties du corps entr'elles pour conſtituer
l'œconomie animale.

l'efprit dans fes opérations, fa corruption ne va jamais jufqu'à lui dérober totalement la différence du beau & du laid, & qu'il ne manquera pas d'approuver le naturel & l'honnête, & de rejetter le deshonnête & le dépravé, furtout dans les momens défintéreffés : c'eft alors un connoiffeur équitable qui fe promene dans une gallerie de Peintures, qui s'émerveille de la hardieffe de ce trait, qui fourit à la douceur de ce fentiment, qui fe prête au tour de cette affection, & qui paffe dédaigneufement fur tout ce qui bleffe la belle Nature.

Les fentimens, les inclinations, les affections, les penchans, les difpofitions, & conféquemment toute la conduite des Créatures dans les différens états de la vie font les fujets d'une infinité de Tableaux exécutés par l'efprit qui faifit avec promptitude & rend avec vivacité & le bien & le mal. Nouvelle épreuve, nouvel exercice pour le cœur qui dans son état naturel & sain est affecté du raisonnable & du beau; mais qui dans la dépravation renonce à ses lumieres pour embrasser le monstrueux & le laid.

Par conséquent, point de Vertu morale, point de mérite, sans quelques notions claires & distinctes du bien général, & sans une connoissance réfléchie de ce qui est moralement bien ou mal, digne d'admiration ou de haine, droit ou injuste. Car quoique nous disions communément d'un Cheval mauvais, qu'il est vicieux, on n'a jamais dit d'un bon Cheval ou de tout autre animal imbécile & stupide, pour docile qu'il fût, qu'il étoit méritant & vertueux.

Qu'une Créature soit généreuse, douce, affable, ferme & compatisfante ; fi jamais elle n'a réfléchi fur ce qu'elle pratique & voit pratiquer aux autres ; fi elle ne s'eft fait aucune idée nette & précife du bien & du mal ; fi les charmes de la Vertu & de l'honnêteté ne font point les objets de fon affection : Son caractère n'eft point vertueux par principes : elle en eft encore à acquérir cette connoiffance active de la droiture qui devoit la déterminer ; cet amour défintéreffé de la Vertu qui feul pouvoit donner tout le prix à fes actions.

Tout ce qui part d'une mauvaife affection eft mauvais, inique & blâmable : mais fi les affections font faines, fi leur objet eft avantageux à la fociété & digne en tout tems de la pourfuite d'un Etre raifonnable ; ces deux conditions réunies formeront ce qu'on appelle droiture, équité dans les actions.

Faire tort, ce n'eſt pas faire injuſtice: car un fils généreux peut, ſans ceſſer de l'être, tuer par malheur ou par mal-adreſſe, ſon Pere au lieu de l'ennemi dont il s'efforçoit de le garantir. mais ſi par une affection déplacée, il eût porté ſes ſecours à quelqu'autre, ou négligé les moyens de le conſerver par défaut de tendreſſe, il eût été coupable d'injuſtice.

Si l'objet de notre affection eſt raiſonnable, s'il eſt digne de notre ardeur & de nos ſoins ; l'imperfection ou la foibleſſe des ſens ne nous rendent point coupables d'injuſtice. Suppoſons qu'un homme dont le jugement eſt entier & les affections ſaines, mais la conſtitution ſi bizarre & les organes ſi dépravés, qu'à travers ces miroirs trompeurs il n'apperçoive les objets que défigurés, eſtropiés & tout autres qu'ils ſont ; il eſt évident que le défaut ne réſidant point dans la partie ſupérieure & libre ; cette infortunée Créature ne peut paſſer pour vicieuſe.

Il n'en eſt pas ainſi des opinions qu'on adopte , des idées qu'on ſe fait ou des Religions qu'on profeſſe. Si dans une de ces Contrées jadis ſoumiſes aux plus extravagantes ſuperſtitions ; où les Chats, les Crocodiles , les Singes & d'autres animaux vils & mal-faiſans , étoient adorés ; un de ces Idolâtres ſe fût ſaintement * perſuadé qu'il étoit juſte de préférer le ſalut d'un Chat au ſalut de ſon Pere , & qu'il ne pouvoit ſe diſpenſer en conſcience de traiter en ennemi ; quiconque ne profeſſoit pas ce culte : ce fidele Croyant n'eut été qu'un homme déteſtable , & toute action fondée ſur

* *O Sanctas gentes quibus hæc naſcuntur in hortis numina !* Juv.

D iiij

des dogmes pareils, ne peut être qu'injuste, abominable & maudite.

Toute méprise sur la valeur des choses qui tend à détruire quelqu'affection raisonnable, ou à en produire d'injustes, rend vicieux, & nul motif ne peut excuser cette dépravation. Celui, par exemple, qui séduit par des vices brillans, a mal placé son estime, est vicieux lui-même. Il est quelquefois aisé de remonter à l'origine de cette corruption nationale. Ici, c'est un Ambitieux qui vous étonne par le bruit de ses exploits ; là, c'est un Pirate, ou quelqu'injuste Conquérant qui par des crimes illustres a surpris l'admiration des peuples, & mis en honneur des caratères qu'on devroit détester. Quiconque applaudit à ces *renommées*, se dégrade lui-même. Quant à celui qui croyant estimer & chérir un homme vertueux

n'eſt que la dupe d'un ſcélérat hypocrite , il peut être un ſot ; mais il
n'eſt pas un méchant pour cela.

L'erreur de fait ne touchant point
aux affections , ne produit point le vice ;
mais l'erreur de droit influe dans toute
Créature raiſonnable & conſéquente ,
ſur ſes affections naturelles , & ne peut
manquer de la rendre vicieuſe.

Mais il y a beaucoup d'occaſions où
les matieres de droit ſont d'une diſ-
cuſſion trop épineuſe , même pour les
perſonnes les plus éclairées. * Dans ces
circonſtances , une faute legere ne ſuffit

* Les erreurs particuliéres engendrent les erreurs populaires , & alternativement : on aime à
perſuader aux autres ce que l'on croit , & l'on
réſiſte difficilement à ce dont on voit les autres perſuadés. Il eſt preſqu'impoſſible de rejetter les opinions qui nous viennent de loin
& comme de main en main ; le moyen de
donner un démenti à tant d'honnêtes-gens
qui nous ont précédés ! Les tems écartent d'ailleurs une infinité de circonſtances qui nous
enhardiroient : ceux qui ſe ſont abbreuvés

pas pour dépouiller un homme du caractère & du titre de vertueux. Mais
lorsque la superstition ou des coutumes
barbares le précipitent dans de grossiéres erreurs sur l'emploi de ses affections :
lorsque ces bévûes sont si fréquentes ,
si lourdes & si compliquées qu'elles ti-
rent la Créature de son état naturel ;
c'est-à-dire , lorsqu'elles exigent d'elle
des sentimens contraires à l'humaine
société , & pernicieux dans la vie civile ;
céder , c'est renoncer à la Vertu.

Concluons donc que le Mérite ou la
Vertu dépendent d'une connoissance de

successivement de ces étrangetés , dit Montagne , ont senti par les oppositions qu'on leur
a faites , où logeoit la difficulté de la persua-
tion , & ils ont calfeutré ces endroits de piéces
nouvelles ; ils n'ont point craint d'ajouter de
leur invention autant qu'ils le croyoient nécessaire pour suppléer à la résistance & au défaut qu'ils pensoient être en la conception
d'autrui. Histoire fidelle & naïve de l'origine
& du progrès des erreurs populaires.

la justice & d'une fermeté de raison,
capables de nous diriger dans l'emploi
de nos affections. Notions de la justice,
courage de la raison, ressources uniques
dans le danger où l'on se trouve de
consacrer ses efforts, & de prostituer son
estime à des abominations, à des horreurs, à des idées destructives de toute
affection naturelle. Affections naturelles,
fondemens de la société, que les loix
sanguinaires d'un point d'honneur & les
principes erronés d'une fausse Religion
tendent quelquefois à sapper. Loix &
principes qui sont vicieux, & ne conduiront ceux qui les suivent qu'au crime
& à la dépravation, puisque la justice &
la raison les combattent. Quoi que ce soit
donc qui, sous prétexte d'un bien présent ou futur, prescrive aux hommes
de la part de Dieu, la trahison, l'ingratitude, & les cruautés. Quoi que ce

soit, qui leur apprenne à perfécuter leurs semblables par bonne amitié, à tourmenter par paffe-tems leurs Prifonniers de guerre, à fouiller les Autels de fang humain, à fe tourmenter eux-mêmes, à fe macérer cruellement, à fe déchirer dans des accès * de zèle en préfence de leurs Divinités & à

* Domptez vos paffions, dit la Religion : confervez-vous, dit la Nature. Il eft toujours poffible de fatisfaire à l'une & à l'autre ; du moins il faut le fuppofer, car il feroit bien fingulier qu'il y eût un cas où l'on feroit forcé de devenir homicide de foi-même, pour être vertueux. C'eft ce que les Piétiftes outrés ne manqueroient pas d'appercevoir, s'ils ofoient confulter la Raifon. Celui qui fatigué de lutter contre lui-même finiroit la querelle d'un coup de piftolet, feroit un enragé, leur diroit-elle. Mais celui qui révolté de ce procédé brufque, prendroit par amour de Dieu & pour le bien de fon ame, chaque jour, une dofe legere d'un poifon qui le conduiroit infenfiblement au tombeau, feroit-il moins fol ? non fans doute. Si le crime eft dans le *fuicide*, qu'importe qu'on fe tue par des jeûnes & des veilles, de l'arfenic ou du fublimé ? dans un inftant ou dans l'efpace de dix années ? avec un cilice & des fouets, un piftolet ou un

commettre, pour les honorer ou pour leur complaire, quelque action inhumaine & brutale ; qu'ils refusent d'obéir, s'ils sont vertueux ; & qu'ils ne permettent point aux vains applaudissemens de la coutume, ou aux Oracles imposteurs de la superstition, d'étouffer les cris de la Nature & les conseils de la Vertu. Toutes ces actions que l'humanité * proscrit, seront toujours des horreurs en dépit des coutumes barba-

poignard ? C'est disputer sur la forme du crime ; c'est s'excuser sur la couleur du poison. Telle étoit la pensée de Saint Augustin. Ceux qui croyent honorer Dieu par ces excès sont dans la même superstition que ces Payens dont il dit dans son Traité merveilleux de la Cité de Dieu, *tantus est perturbatæ mentis & sedibus suis pulsæ furor, ut sic dii placentur, quemadmodùm ne homines quidem sæviunt.*

* La hardiesse d'un Egyptien esprit fort, qui bravant la doctrine du sacré Collége eût refusé de porter son hommage à des Etres destinés à sa nourriture & d'adorer un Chat, un Crocodile, un Oignon, eût été pleinement justifiée par l'absurdité de cette croyance.

res , des loix capricieuses , & des faux cultes qui les auront ordonnées. Mais rien ne peut altérer les loix éternelles de la Justice.

Section Quatrieme.

Les Créatures qui ne font affectées que par les objets fenfibles font bon-

Tout dogme qui conduit à des infractions grossiéres de la Loi Naturelle ne peut être respecté en sureté de confcience. Lorfque la Nature & la Morale fe récrient contre la voix des Miniftres , l'obéiffance eft un crime. Qui niera que le crédule Egyptien qui pour donner du fecours à fon Dieu , eut laiffé périr fon Pere , n'eût été un vrai parricide ? Si l'on me dit jamais , trahi , vole , pille , tue ; c'eft ton Dieu qui l'ordonne ; je répondrai fans éxamen : trahir , voler , piller , tuer , font des crimes , donc Dieu ne me l'ordonne pas. La pureté de la morale peut faire préfumer la vé-rité d'un culte ; mais fi la morale eft cor-rompue , le culte qui préconife cette dépra-vation , eft démontré faux. Quel avantage cette réflexion feule ne donne-t'elle pas au Chriftianifme , fur toutes les autres Religions ! Quelle morale comparable à celle de Jefus-Chrift !

nes ou mauvaifes, felon que leurs affections fenfibles font bien ou mal ordonnées. Mais c'eft tout autre chofe, dans
les Créatures capables de trouver dans
le bien ou le mal moral, des motifs
raifonnés de tendreffe ou d'averfion ; car
dans un individu de cette efpece, quelque déréglées que foient les affections
fenfibles, le caractère fera bon & l'individu vertueux, tant que ces penchans
libertins demeureront fubordonnés aux
affections réfléchies dont nous avons
parlé.

Il y a plus. Si le tempérament eft
bouillant, colère, amoureux ; & fi la
Créature domptant ces paffions, s'attache à la vertu, en dépit de leurs efforts ; nous difons alors que fon mérite
en eft d'autant plus grand, & nous avons
raifon. Si toutefois l'intérêt privé étoit
la feule digue qui la retînt ; fi, fans

égard pour les charmes de la vertu , son unique bien étoit le fléau de ses vices, nous avons démontré qu'elle n'en seroit pas plus vertueuse : mais il est certain que si , de plein gré & sans aucun motif bas & servile , l'homme colère étouffe sa passion, & le luxurieux réprime ses mouvemens ; si tous deux supérieurs à la violence de leurs penchans, ils sont devenus, l'un modeste & l'autre tranquille & doux ; nous applaudirons à leur vertu , beaucoup plus hautement que s'ils n'avoient point eu d'obstacles à surmonter. Quoi donc ! le penchant au vice seroit-il un relief pour la vertu ? Des inclinations perverses seroient-elles nécessaires pour *parfaire* l'homme vertueux ?

Voici à quoi se réduit cette espece de difficulté. Si les affections libertines se révoltent par quelqu'endroit, pourvû que leur

leur effort foit fouverainement réprimé ;
c'eſt une preuve inconteſtable que la
vertu maîtreſſe du caractère, y prédomine : mais ſi la Créature vertueuſe à
meilleur compte, n'éprouve aucune ſé-
dition de la part de ſes paſſions, on peut
dire qu'elle ſuit les principes de la vertu, ſans donner d'exercice à ſes forces.
La vertu qui n'a point d'ennemis à combattre dans ce dernier cas, n'en eſt peut-
être pas moins puiſſante ; & celui qui
dans le premier cas, a vaincu ſes ennemis, n'en eſt pas moins vertueux. Au
contraire, débarraſſé des obſtacles qui
s'oppoſoient à ſes progrès, il peut ſe livrer entiérement à la vertu & la poſſéder dans un degré plus éminent.

C'eſt ainſi que la vertu ſe partage en
degrés inégaux chez l'eſpéce raiſonnable ; c'eſt-à-dire chez les hommes, quoiqu'il n'y en ait pas un entr'eux peut-

être, qui jouïffe de cette raifon faine & folide qui feule peut conftituer un caractère uniforme & parfait. C'eft ainfi qu'avec la vertu, le vice difpofe de leur conduite, alternativement vainqueur & vaincu : car il eft évident par ce que nous avons dit jufqu'à préfent que, quel que foit dans une Créature, le défordre des affections tant par rapport aux objets fenfibles, que par rapport aux Etres intellectuels & moraux ; quelqu'effrénés que foient fes principes ; quelque furieufe, impudique ou cruelle qu'elle foit devenue, fi toutefois il lui refte la moindre fenfibilité pour les charmes de la vertu ; fi elle donne encore quelque figne de bonté, de commifération, de douceur, ou de reconnoiffance ; il eft, dis-je évident, que la vertu n'eft pas morte en elle & qu'elle n'eft pas entiérement vicieufe & dénaturée.

Un criminel qui par un fentiment d’honneur & de fidélité pour fes complices, refufe de les déclarer, & qui, plutôt que de les trahir, endure les derniers tourmens & la mort même, a certainement quelques principes de vertu; mais qu’il déplace. C’eft auffi le jugement qu’il faut porter de ce malfaiteur qui plutôt que d’exécuter fes compagnons, aima mieux mourir avec eux.

Nous avons vû combien il étoit difficile de dire de quelqu’un qu’il étoit un parfait Athée; il paroît maintenant qu’il ne l’eft gueres moins d’affurer qu’un homme eft parfaitement vicieux. Il refte aux plus grands fcélerats toujours quelqu’étincelle de vertu, & un mot des plus juftes que je connoiffe, c’eft celui-ci : « Rien n’eft auffi rare qu’un parfaite- » ment honnête homme; fi ce n’eft peut- » être un parfait fcélerat : car par-tout où

il y a la moindre affection intégre, il y
a , à parler exactement, quelque germe
de vertu.

Après avoir examiné ce que c'est que
la vertu en elle-même , nous allons considérer comment elle s'accorde avec les
différens syftêmes concernant la Divinité.

TROISIEME PARTIE.

PREMIERE SECTION.

PUISQUE l'effence de la vertu confifte , comme nous l'avons démontré , dans une jufte difpofition , dans une
affection tempérée de la Créature raifonnable pour les objets intellectuels &
moraux de la juftice , afin d'anéantir ou
d'énerver en elle les principes de la
vertu , il faut,

1°. Ou lui ôter le fentiment & les idées naturelles d'injuftice & d'équité.

2°. Ou lui en donner de fauffes idées.

3°. Ou foulever contre ce fentiment intérieur d'autres affections.

De l'autre côté, pour accroître & fortifier les principes de la vertu, il faut,

1°. Ou nourrir & aiguifer, pour ainfi dire, le fentiment de droiture & de juftice.

2°. Ou l'entretenir dans toute fa pureté.

3°. Ou lui foumettre toute autre affection.

Confidérons maintenant quel eft celui de ces effets, que chaque hypothèfe concernant la Divinité doit naturellement produire, ou tout au moins favorifer.

Premier Effet.

Priver la Créature du sentiment naturel d'injustice & d'équité.

On ne nous soupçonnera pas sans doute d'entendre par « priver la Créa- » ture du sentiment naturel d'injustice » & d'équité » effacer en elle toute notion du bien & du mal relatifs à la Société. Car qu'il y ait bien & mal par rapport à l'espece, c'est un point qu'on ne peut totalement obscurcir. L'intérêt public est une chose généralement a- vouée : & rien de mieux connu de cha- que particulier, que ce qui les concer- ne tous en général. Ainsi quand nous dirons qu'une Créature a perdu tout sen- timent de droiture & d'injustice, nous supposerons au contraire qu'elle est tou- jours capable de discerner le bien & le mal relatifs à son espece ; mais qu'elle

y eſt devenue parfaitement inſenſible, &
que l'excellence & la baſſeſſe des actions morales n'excitent plus en elle ni
eſtime ni averſion : de ſorte que , ſans
un intérêt particulier & des plus étroitement concentré qui vit toujours en elle
& qui lui arrache quelquefois des jugemens favorables à la vertu , on pourroit dire qu'elle n'affectionne dans les
mœurs ni laideur ni beauté, & que tout y
eſt par rapport à elle d'une monſtrueuſe
uniformité.

Une Créature raiſonnable qui en
offenſe une autre mal à propos , ſent
que l'appréhenſion d'un traitement égal
doit ſoulever contre elle le reſſentiment & l'animoſité de celles qui l'obſer-
vent. Celui qui fait tort à un ſeul, ſe reconnoît intérieurement pour auſſi odieux
à chacun, que s'il les avoit tous offenſés.

Le crime trouve donc pour ennemis

tous ceux qu'il allarme ; & par la raison des contraires, la vertu d'un particulier a droit à la bienveillance & aux récompenses de tout le monde. Ce sentiment n'est pas étranger aux hommes les plus méchans. Lors donc qu'on parle du sentiment naturel d'injustice & d'équité, si par cette expression on prétend désigner quelque chose de plus que ce que nous venons de dire, c'est sans doute cette vive antipathie pour l'injustice & cette affection tendre pour la droiture, particulieres aux profondément honnêtes gens.

Qu'une Créature sensible puisse naître si dépravée, si mal constituée, que la connoissance des objets qui sont à sa portée, n'excite en elle aucune affection : qu'elle soit originellement incapable d'amour, de pitié, de reconnoissance & de toute autre passion sociale :

c'est une hypothèse chimérique. Qu'une Créature raisonnable , quelque tempérament qu'elle ait reçu de la nature , ait senti l'impression des objets proportionnés à ses facultés ; que les images de la justice , de la générosité , de la tempérance & des autres vertus se soient gravées dans son esprit , & qu'elle n'ait éprouvé aucun penchant pour ces qualités, aucune aversion pour leurs contraires ; qu'elle soit demeurée vis-à-vis de ces représentations dans une parfaite neutralité ; c'est une autre chimère. L'esprit ne se conçoit non plus sans affection pour les choses qu'il connoît , que sans la puissance de connoître ; mais s'il est une fois en état de se former des idées d'action , de passion , de tempérament & de mœurs , il discernera dans ces objets laideur & beauté aussi nécessairement que l'œil apperçoit rapports & difproportions dans les figures & que l'oreille sent harmonie & dissonance dans les sons. On pourroit soutenir contre nous qu'il n'y a ni charmes ni difformité réelle dans les objets intellectuels & moraux ; mais on ne disconviendra jamais qu'il n'y en ait d'imaginés & dont le pouvoir est grand. Si l'on nie que la chose soit dans la nature, on avouera du moins que c'est de la nature que nous tenons l'idée qu'elle y existe : car la prévention naturelle en faveur de cette distinction de laideur & de beauté morales est si puissante ; cette différence dans les objets intellectuels & moraux préoccupe tellement notre esprit, qu'il faut de l'art, de violens efforts, un exercice continué & de pénibles méditations pour l'obscurcir.

Le sentiment d'injustice & d'équité nous étant aussi naturel que nos affections : cette qualité étant un des premiers elémens de notre conſtitution, il n'y a point de ſpéculation, de croyance, de perſuaſion, de culte capable de l'anéantir immédiatement & directement. Déplacer ce qui nous eſt naturel, c'eſt l'ouvrage d'une longue habitude ; autre nature. Or la diſtinction d'injuſtice & d'équité nous eſt originelle : appercevoir dans les Etres intellectuels & moraux, laideur & beauté, c'eſt une opération auſſi naturelle & peut-être antérieure dans notre eſprit à l'opération ſemblable ſur les Etres organiſés. Il n'y a donc qu'un exercice contraire qui puiſſe la troubler pour toujours ou la ſuſpendre pour un tems.

Nous ſçavons tous que ſi par défaut de conformation, par accident ou par habitude, on prend une contenance deſagréable, on contracte un tic ridicule,

on affecte quelque geste choquant, toute
l'attention, tous les soins, toutes les
précautions qu'un désir sincère de s'en
défaire peut suggérer, suffisent à peine
pour en venir à bout. La nature est bien
autrement opiniâtre. Elle s'afflige & s'irrite sous le joug, toujours prête à le se-
couer : c'est un travail sans fin que de la
maîtriser. L'indocilité de l'esprit est pro-
digieuse, sur-tout quand il est question
des sentimens naturels & de ces idées
anticipées, telles que la distinction de
la droiture & de l'injustice. On a beau
les combattre & se tourmenter ; ce sont
des hôtes intraitables contre lesquels il
faut recourir aux grands expédients, aux
derniéres violences. La plus extravagante superstition, l'opinion nationale la
plus absurde ne les excluront jamais parfaitement.

Comme le Déisme, le Théisme, l'Athéifme & même le Démonifme n'ont aucune action immédiate & directe, relativement à la diftinction morale de la droiture & de l'injuftice ; comme tout culte foit impie foit religieux n'opere fur cette idée naturelle & premiere que par l'intervention & la révolte des autres affections ; nous ne parlerons de l'effet de ces hypothèfes que dans la troifiéme fection, où nous examinerons l'accord ou l'oppofition des affections avec le fentiment naturel par lequel nous diftinguons la droiture de l'injuftice.

Section Seconde.

Second Effet.

Dépraver le sentiment naturel de la droiture & de l'injustice.

Cet effet ne peut être que le fruit de la coutume & de l'éducation dont les forces se réunissent quelquefois contre celles de la nature, comme on peut le remarquer dans ces contrées où l'usage & la politique encouragent par des applaudissemens & consacrent par des marques d'honneur des actions naturellement odieuses & deshonnêtes. C'est à l'aide de ces prestiges qu'un homme se surmontant lui-même, s'imagine servir sa Patrie, étendre la terreur de sa Nation, travailler à sa propre gloire & faire un acte héroïque, en mangeant en dépit de la nature & de son estomac, la chair de son ennemi.

Mais pour en venir aux différens fyftêmes concernant la divinité & à l'effet
qu'ils produifent dans ce cas ;

D'abord il ne paroît pas que l'Athéifme ait aucune influence diamétralement
contraire à la pureté du fentiment naturel de la droiture & de l'injuftice. Un
malheureux que cette hypothèfe aura
jetté & entretenu dans une longue habitude de crimes, peut avoir les idées de
juftice & d'honnêteté fort obfcurcies ;
mais elle ne le conduit point par elle-
même à regarder comme grande &
belle une action vile & deshonnête. Ce
fyftême moins dangereux en ceci feulement que la fuperftition, ne prêche
point qu'il eft beau de s'accoupler avec
des animaux, ou de s'affouvir de la chair
de fon ennemi. Mais il n'y a point d'horreurs, point d'abominations qui ne puiffent être embraffées comme des chofes

excellentes, louables & faintes, fi quelque culte dépravé les ordonne *.

* Sans entrer dans un long détail fur cette
matiére, je citerai feulement deux exemples
qu'on lit chap. 2. fect. 9. pag. 29. de l'Effai
Philofophique fur l'entendement humain : il
eft difficile de fe refufer au temoignage d'un
Voyageur, lorfqu'il eft fcellé de l'autorité d'un
Ecrivain tel que Lock. Les Topinambous ne
connoiffent pas de meilleurs moyens pour aller en Paradis que de fe venger cruellement
de leurs ennemis & d'en manger le plus qu'ils
peuvent. Ceux que les Turcs canonifent & mettent au nombre des Saints, menent une vie
qu'on ne peut rapporter fans bleffer la pudeur.
Il y a fur ce fujet un endroit fort remarquable
dans le voyage de Baum-Garten. Comme ce
Livre eft affez rare, je tranfcrirai ici le paffage
tout au long dans la même langue qu'il a été
publié. *Ibi (fcil. prope Belbes in Ægypto) vidimus fanctum unum Saracenicum inter arena-
rum cumulos , ita ut ex utero matris prodiit ,
nudum fedentem. Mos eft , ut didicimus , Ma-
hometiftis , ut eos qui amentes & fine ratione
funt, pro fanctis colant & venerentur. Infuper
& eos qui , cum diu vitam egerint inquinatiffi-
mam, voluntariam demum pœnitentiam & pau-
pertatem, fanctitate venerandos deputant. Ejuf-
modi vero genus hominum libertatem quamdam
effrænem habent , domos quas volunt intrandi,
edendi , bibendi , & quod majus eft concum-
bendi : ex quo concubitu fi proles fecuta fuerit,
fancta fimiliter habetur. His ergo hominibus*

Et

Et Je ne vois point en cela de prodige ; car toutes les fois que sous l'autorité prétendue ou le bon plaisir des Dieux, la superstition exige quelque action détestable ; si malgré le voile sacré dont on l'enveloppe , le fidéle en pénétre l'énormité ; de quel œil verra-t'il les objets de son culte * ? en portant aux pieds de leurs autels , des offrandes que la crainte lui arrache , il les traitera dans le fond de

dum vivunt, magnos exhibent honores ; mortuis verò vel templa vel monumenta exstruunt amplissima, eosque sepelire vel contingere maximæ fortunæ ducunt loco. Audivimus hæc dicta & dicenda per interpretem à Mureclo nostro. Insuper sanctum illum, quem eo loci vidimus, publicitùs apprimè commendari , eum esse hominem sanctum, divinum ac integritate præcipuum, eo quod nec fæminarum unquam esset nec puerorum , sed tantummodò asellarum concubitor atque mularum. On peut voir encore au sujet de cette espece de Saints si fort respectés par les Turcs , ce qu'en a dit Pietro della Valle, dans une Lettre du 25 Janv. 1616.

* Faites rougir ces Dieux qui vous ont condamnée. *Rac. Iph. act. 4. scen. 4.*

I. Partie. F

son cœur, comme des tyrans odieux & méchans : mais c'est ce que sa Religion lui défend expressément de penser : » les Dieux ne se contentent pas d'en- » cens, lui crie-t'elle ; il faut que l'e- » stime accompagne l'hommage. » Le voilà donc forcé d'aimer & d'admirer des Etres qui lui paroissent injustes , de respecter leurs commandemens , d'accomplir en aveugle les crimes qu'ils ordonnent, & par conséquent de prendre pour saint & pour bon , ce qui est en soi horrible & détestable.

Si Jupiter est le Dieu qu'on adore, & si son histoire le représente d'un tempérament amoureux & se livrant sans pudeur à toute l'étendue de ses désirs ; il est constant qu'en prenant ce récit à la lettre, son adorateur doit regarder l'impudicité comme une Vertu *. Si la

* Exprimer les sentimens & les mœurs d'un

superſtition éleve ſur des autels un Etre

Peuple dans ſa conduite ordinare & familiére , c'eſt le propre de la Comédie ; & dans
Terence ſur-tout. Or voici ce que ce Poëte
fait dire à un jeune Libertin qui ſe ſert de
l'exemple de ſes Dieux pour juſtifier une vile
métamorphoſe , & s'encourager à une action
infâme.

. . . Dum apparatur , virgo in conclavi ſedet.

Suſpectans tabulam quandam pictam , ubi ine-
rat pictura hæc ; Jovem

Quo pacto Danaæ miſiſſe , aiunt , quondam in
gremium imbrem aureum.

Ego met quoque id ſpectare cæpi , & quia conſi-
milem luſerat

Jam olim ille ludum , impendio magis ani-
mum gaudebat mihi ,

Deum ſeſe in hominem convertiſſe , atque per
alienas tegulas

Veniſſe clanculùm per impluvium , fucum fac-
tum mulieri.

At quem Deum ! qui templa Cœli ſumma ſo-
nitu concutit ;

Ego homuncio hoc non facerem ? ego verò illud
feci & lubens.

Terent. Eun. act. 3. ſcen. 5.

Et Petrone l'Auteur de ſon tems qui connoiſ-
ſoit le mieux les hommes , & qui en a peint

F ij

vindicatif, colère, rancunier, fophifte ; lançant fes foudres au hazard, & puniffant quand il eft offenfé, d'autres que ceux qui lui ont fait injure : fi pour finir fon caractère, il aime la fupercherie ; s'il encourage les hommes au parjure & à la trahifon ; & fi par une injufte prédilection, il comble de fes biens un petit nombre de favoris, je ne doute point qu'à l'aide des Miniftres & des Poëtes, le Peuple ne refpecte inceffamment toutes ces imperfections, & ne prenne d'heureufes difpofitions à la vengeance, à la haine, à la fourberie, au caprice & à la partialité : car il eft aifé

le plus vivement les mœurs, a dit ; *ne bonam quidem mentem aut bonam valetudinem petunt : fed ftatim, antequam limen Capitolii tangunt, alius donum promittit, fi propiquum divitem extulerit ; alius, fi ad trecenties H. S. falvus pervenerit. Ipfe fenatus, recti bonique præceptor, mille pondo auri Capitolio promittere folet ; & ne quis dubitet pecuniam concupifcere, Jovem quoque peculio exorat.*

de métamorphofer des vices groffiers en qualités éclatantes , quand on vient à les rencontrer dans un Etre fur lequel on ne léve les yeux qu'avec admiration.

Cependant il faut avouer que , fi le culte eft vuide d'amour , d'eftime & de cordialité ; fi c'eft un pur cérémonial auquel on eft entraîné par la coutume & par l'exemple, par la crainte ou par la violence , l'Adorateur n'eft pas en grand danger d'altérer fes idées naturelles : car fi , tandis qu'il fatisfait aux préceptes de fa Religion ; qu'il s'occupe à fe concilier les faveurs de fa Divinité , en obéiffant à fes ordres prétendus , c'eft l'effroi qui le détermine : s'il confomme à regret un facrifice qu'il détefte au fond de fon ame , comme une action barbare & dénaturée ; ce n'eft pas à fon Dieu dont il entrevoit la méchanceté , qu'il rend hommage ;

* F iij

c'eſt proprement à l'équité naturelle dont il reſpecte le ſentiment, dans l'inſtant même de l'infraction. Tel eſt dans le vrai ſon état ; quelque réſervé qu'il puiſſe être à prononcer entre ſon cœur & ſa Religion, & à former un ſyſtême raiſonné ſur la contradiction de ſes idées avec les préceptes de ſa Loi. Mais perſévérant dans ſa crédulité & répétant ſes pieux exercices, ſe familiariſe-t'il à la longue avec la méchanceté, la tyrannie, la rancune, la partialité, la bizarrerie de ſon Dieu? il ſe réconciliera proportionnellement avec les qualités qu'il abhorroit en lui ; & telle ſera la force de cet exemple, qu'il en viendra juſqu'à regarder les actions les plus cruelles & les plus barbares, je ne dis pas comme bonnes & juſtes ; mais comme grandes, nobles, divines & dignes d'être imitées.

Celui qui admet un Dieu vrai, juste & bon, suppose une droiture & une injustice, un vrai & un faux, une bonté & une malice, indépendans de cet Etre suprême, & par lesquels il juge qu'un Dieu doit être vrai, juste & bon. Car si ses décrets, ses actions, ou ses loix constituoient la bonté, la justice, & la vérité ; assurer de Dieu qu'il est vrai, juste & bon, ce seroit ne rien dire : puisque, si cet Etre affirmoit les deux parties d'une proposition contradictoire, elles seroient vrayes l'une & l'autre : si sans raison, il condamnoit une Créature à souffrir pour le crime d'autrui ; où s'il destinoit sans sujet & sans distinction, les uns à la peine & les autres aux plaisirs, tous ces jugemens seroient équitables. En conséquence d'une telle supposition, assurer qu'une chose est vraye ou fausse, jufte ou inique, bonne ou mauvaife, c'eft dire des mots, & parler fans s'entendre.

D'où je conclus que rendre un culte fincére & réel à quelque Etre fuprême qu'on connoît pour injufte & méchant, c'eft s'expofer à perdre tout fentiment d'équité, toute idée de juftice, & toute notion de vérité. Le zèle doit à la longue fupplanter la probité, dans celui qui profeffe de bonne-foi une Religion dont les préceptes font oppofés aux principes fondamentaux de la Morale.

Si la méchanceté reconnue d'un Etre fuprême influe fur fes adorateurs ; fi elle déprave les affections, confond les idées de vérité, de juftice, de bonté, & fappe la diftinction naturelle de la droiture & de l'injuftice ; rien au contraire n'eft plus propre à modérer les paffions, à rectifier les idées & à fortifier l'amour de la justice & de la vérité que la croyance d'un Dieu que son histoire repréfente en toute occasion, comme un modèle de véracité, de justice & de bonté. La perfuafion d'une Providence Divine qui s'étend à tout, & dont l'Univers entier reffent conftamment les effets, eft un puiffant aiguillon pour nous engager à fuivre les mêmes principes dans les bornes étroites de notre fphère. Mais fi dans notre conduite, nous ne perdons jamais de vue les intérêts généraux de notre efpece ; fi le bien public eft notre bouffole, il eft impoffible que nous errions jamais dans les jugemens que nous porterons de la droiture & de l'injuftice.

Ainfi, quant au fecond effet ; la Religion produira beaucoup de mal ou beaucoup de bien, felon qu'elle fera bonne ou mauvaife. Il n'en eft pas de même de l'Athéifme : il peut à la vérité occafionner la confufion des idées d'injuftice & d'équité ; mais ce n'eft pas en qualité pure & fimple d'Athéifme : c'eft un mal réfervé aux cultes dépravés, & à toutes ces opinions fantafques concernant la Divinité ; monftrueufe famille qui tire fon origine de la fuperftition, & que la crédulité perpétue.

SECTION TROISIEME.

TROISIEME EFFET.

Révolter les affections contre le fentiment naturel de droiture & d'injuftice.

Il eft évident que les principes d'intégrité feront des régles de conduite pour la Créature qui les poffede, s'ils ne trouvent aucune oppofition de la part de quelque penchant entiérement tourné à fon intérêt particulier ou de ces paffions brufques & violentes qui subjuguant tout sentiment d'équité, éclipsent même en elle les idées de son bien privé & la jettent hors de ces voyes familiéres qui la conduisent au bonheur.

Notre dessein n'est pas d'examiner ici par quel moyen ce désordre s'introduit & s'accroît ; mais de considérer seulement quelles influences favorables ou contraires, il reçoit des sentimens divers concernant la Divinité.

Qu'il soit possible qu'une Créature ait été frappée de la laideur & de la beauté des objets intellectuels & moraux, & conséquemment que la distinction de la droiture & de l'injustice lui soit familiére, long-tems avant que d'avoir eu des notions claires & distinctes de la Divinité ; c'est une chose presque indubitable. * En effet conçoit-on qu'un

* Qu'une société d'Hommes n'ait eu ni Dieux, ni Autels, ni même de nom dans sa

Etre tel que l'homme en qui la faculté

langue pour défigner un Etre fuprême ; qu'un Peuple entier ait croupi dans l'Athéifme long-tems après avoir été policé ; c'eft ce qui eft arrivé. " La réalité de l'Athéifme fpéculatif ,, négatif, (dit M. l'Abbé Delachambre dans ,, fon Traité de la véritable Religion Tom. 1. ,, pag. 7.) n'eft ni moins certaine ni moins ,, inconteftable : combien y a-t'il encore de ,, Peuples fur la Terre qui n'ont aucune idée ,, d'une Divinité fouveraine , foit parce qu'ils ,, font ftupides & incapables de tout raifon- ,, nement ; foit parce qu'ils n'ont jamais penfé ,, à réfléchir fur ce point. ,, C'eft ce qui eft arrivé , dis-je , & ce qui ne doit pas extrê-mement furprendre. Les miracles de la Na-ture font expofés à nos yeux , long-tems avant que nous ayons affez de raifon pour en être éclairés. Si nous arrivions dans ce Monde avec cette raifon que nous portâmes dans la Salle de l'Opera , la premiere fois que nous y en-trâmes ; & fi la toile fe levoit brufquement ; frappés de la grandeur , de la magnificence & du jeu des Décorations , nous n'aurions pas la force de nous refufer à la connoiffance de l'Ouvrier éternel qui a préparé le Spectacle : mais qui s'avife de s'émerveiller de ce qu'il voit depuis cinquante ans ? Les uns occupés de leurs befoins n'ont guéres eu le tems de fe livrer à des fpéculations Métaphyfiques : le lever de l'Aftre du jour les appelloit au travail : la plus belle nuit , la nuit la plus touchante étoit muette pour eux , ou ne leur difoit autre chofe, finon qu'il étoit l'heure du repos. Les autres de penfer & de réfléchir s'étend par des degrés infenfibles & lents, foit, moralement parlant, affez exercée au fortir du berceau pour fentir la juftefſe & la liaifon de ces fpéculations déliées & de ces raifonnemens fubtils & métaphyfiques fur l'exiftence d'un Dieu.

Mais fuppofons qu'une Créature incapable de penfer & de réfléchir, ait toutefois de bonnes qualités & quelques affections droites ; qu'elle aime fon efpéce ; qu'elle foit courageufe, reconnoiffante & miféricordieufe ; il eft certain que, dans le même inftant que vous accorderez à cet Automate la

moins occupés, ou n'ont jamais eu l'occafion d'interroger la Nature, ou n'ont pas eu l'efprit d'entendre fa réponfe. Le génie Philofophe dont la fagacité fecouant le joug de l'habitude, s'étonna le premier des prodiges qui l'environnoient, defcendit en lui-même, fe demanda & fe rendit raifon de tout ce qu'il voyoit, a pû fe faire attendre long-tems & mourir fans avoir accrédité fes opinions.

faculté de raifonner, il approuvera ces penchans honnêtes ; qu'il fe complaira dans ces affections fociales ; qu'il y trouvera de la douceur & des charmes, & que les paffions contraires lui paroîtront odieufes. Or le voilà dès-lors frappé de la différence de la droiture & de l'injuftice, & capable de Vertu.

On peut donc fuppofer qu'une Créature avoit des idées de droiture & d'injuftice, & que la connoiffance du Vice & de la Vertu la préoccupoit, avant que de poff23der des notions claires & diftinctes de la Divinité. L'expérience vient encore à l'appui de cette fuppofition ; car chez les Peuples qui n'ont pas ombre de Religion, ne remarque-t'on pas entre les hommes la même diverfité de caractères que dans les contrées éclairées ? Le Vice & la Vertu morale ne les différencient-ils pas entr'eux ? Tandis que les uns font orgueilleux, durs & cruels, & conféquemment enclins à approuver les actes violens & tyranniques ; d'autres font naturellement affables, doux, modeftes, généreux , & dès-lors amis des affections paifibles & fociales.

Pour déterminer maintenant ce que la connoiffance d'un Dieu opére fur les hommes ; il faut fçavoir par quels motifs & fur quel fondement, ils lui portent leurs hommages & fe conforment à fes ordres. C'eft, ou relativement à fa toute-puiffance & dans la fuppofition qu'ils en ont des biens à efpérer & des maux à craindre ; ou relativement à fon excellence, & dans la penfée qu'imiter fa conduite, c'eft le dernier degré de la perfection.

En premier lieu. Si le Dieu qu'on adore n'eft qu'un Etre puiffant fur la

Créature qui ne lui porte son hommage que par le seul motif d'une crainte servile ou d'une espérance mercénaire : si les récompenses qu'elle attend , ou les châtimens qu'elle redoute , la contraignent à faire le bien qu'elle haït ou à s'éloigner du mal qu'elle affectionne ; nous avons démontré qu'il n'y avoit en elle , ni Vertu , ni Bonté. Cet adorateur servile avec une conduite irréprochable devant les hommes, ne mérite non plus devant Dieu que s'il avoit suivi sans frayeur la perversité de ses affections. Il n'y a non plus de piété , de droiture , de sainteté dans une Créature ainsi réformée , que d'innocence & de sobriété dans un Singe sous le foüet ; que de douceur & de docilité dans un Tigre enchaîné. Car quelles que soient les actions de ces Animaux , ou de l'Homme à leur place ; tant que l'affection sera la même ;

que

que le cœur sera rebelle ; que la crainte
dominera & inclinera la volonté ; l'o-
béiſſance & tout ce que la frayeur produira, ſera bas & ſervile. Plus prompte
ſera l'obéiſſance, plus profonde la
ſoumiſſion ; plus il y aura de baſſeſſe
& de lâcheté, quel que ſoit leur objet.
Que le Maître ſoit mauvais ou bon ?
qu'importe, ſi l'Eſclave eſt toujours
le même. Je dis plus : ſi l'Eſclave n'o-
béit que par une crainte hypocrite à
un Maître plein de bonté ; ſa nature
n'en eſt que plus méchante & ſon ſer-
vice que plus vil. Cette diſpoſition habituelle décele un attachement ſouverain
à ſes propres intérêts & une entiere
dépravation dans le caractère.

En ſecond lieu. Si le Dieu d'un
Peuple eſt un Etre excellent & qui ſoit
adoré comme tel ; ſi, faiſant abſtraction
de ſa puiſſance, c'eſt particuliérement

I. Partie.   G

à fa bonté que l'on rend hommage ; fi l'on remarque dans le caractère que fes Miniftres lui donnent, & dans les hiftoires qu'ils en racontent, une prédilection pour la Vertu, & une affection générale pour tous les Etres : certes, un fi beau modèle ne peut manquer d'encourager au bien & de fortifier l'amour de la Juftice, contre les affections ennemies.

Mais une autre motif fe joint encore à la force de l'exemple pour produire ce grand effet. Un Théifte parfait eft fortement perfuadé de la prééminence d'un Etre tout-puiffant, fpectateur de la conduite humaine & témoin oculaire de tout ce qui fe paffe dans l'Univers. Dans la retraite la plus obfcure, dans la folitude la plus profonde, fon Dieu le voit. Il agit donc en la préfence d'un Etre plus refpectable pour lui mille fois que l'affemblée du monde

la plus augufte. Quelle honte n'auroit-
il pas de commettre une action odieuſe
en cette compagnie? quelle ſatisfaction,
au contraire, d'avoir pratiqué la Vertu
en préſence de ſon Dieu; quand même
déchiré par des langues calomnieuſes, il
ſeroit devenu l'opprobre & le rebut de
la ſociété. Le Théiſme favoriſe donc
la Vertu ; & l'Athéiſme privé d'un ſi
grand ſecours eſt en cela défectueux.

Conſidérons à-preſent ce que la crainte
des peines à venir & l'eſpoir des biens
futurs occaſionneroient dans la même
croyance, relativement à la Vertu. D'a-
bord il eſt aiſé d'inférer de ce que nous
avons dit ci-devant, que cet eſpoir
& cet effroi ne ſont pas du genre des
affections libérales & généreuſes, ni
de la nature de ces mouvemens qui
complétent le mérite moral des actions.
Si ces motifs ont une influence pré-

G ij

dominante dans la conduite d'une Créature que l'amour défintéreffé devroit principalement diriger ; la conduite eft fervile & la Créature n'eft pas encore vertueufe.

Ajoutez à ceci une réflexion particuliére ; c'eft que dans toute hypothèfe de Religion où l'efpoir & la crainte font admis comme motifs principaux & premiers de nos actions ; l'intérêt particulier qui naturellement n'eft en nous que trop vif , n'a rien qui le tempére & qui le reftreigne ; & doit par conféquent fe fortifier chaque jour par l'exercice des paffions , dans des matiéres de cette importance. Il y a donc à craindre que cette affection fervile ne triomphe à la longue & n'exerce fon empire dans toutes les conjonctures de la vie ; qu'une attention habituelle à un intérêt particulier ne diminue d'autant plus l'amour du bien général , que cet intérêt particulier fera grand ; enfin que le cœur & l'efprit ne viennent à fe rétrécir ; défaut, à ce qu'on dit en morale, remarquable dans les *zélés* de toute Religion *

Quoi qu'il en foit, il faut convenir que fi la vraie piété confifte à aimer Dieu par rapport à lui-même ; une attention inquiete à des intérêts privés, doit en quelque forte la dégrader. Aimer Dieu feulement comme la caufe de fon bonheur particulier ; c'eft avoir pour lui l'affection du méchant pour le vil inftrument de fes plaifirs. D'ailleurs plus le dévouement à l'intérêt privé occupe de place ; moins il en laiffe à l'amour du bien général ou de tout autre objet digne par lui-même de notre admiration & de notre eftime ; tel en un mot que le Dieu des perfonnes éclairées.

* Voilà ce qui conftitue proprement la Bigotterie : car la vraie Piété, qualité prefque effentielle à l'héroïfme, étend le cœur & l'efprit.

C'eſt ainſi qu'un amour exceſſif de la vie peut nuire à la Vertu, affoiblir l'amour du bien public & ruiner la vraie piété ; car plus cette affection ſera grande ; moins la Créature ſera capable de ſe réſigner ſincérement aux ordres de la Divinité : & ſi par hazard l'eſpoir des récompenſes à venir étoient, à l'excluſion de tout amour, le ſeul motif de ſa réſignation ; ſi cette penſée excluoit abſolument en elle tout ſentiment libéral & déſintéreſſé ; ce ſeroit un vrai marché qui n'indiqueroit ni Vertu ni Mérite, & dont voici, à proprement parler, la cédule : « Je réſigne » à Dieu ma vie & mes plaiſirs pré- » ſens, à condition d'en recevoir en » échange une vie & des plaiſirs futurs qui valent infiniment mieux.

Quoique la violence des affections privées puiſſe préjudicier à la Vertu ;

j'avouerai toutefois qu'il y a des con-jonctures dans lesquelles la crainte des châtimens & l'espoir des récompenses lui servent d'appui, toutes mercénaires qu'elles soient.

Les passions violentes, telles que la colere, la haine, la luxure & d'autres peuvent, comme nous l'avons déja re-marqué, ébranler l'amour le plus vif du bien public, & déraciner les idées les plus profondes de Vertu. Mais si l'esprit n'avoit aucune digue à leur op-poser, elles produiroient infailliblement ce ravage & le meilleur caractère se dépraveroit à la longue. La Religion y pourvoit : elle crie incessamment que ces affections & toutes les actions qu'el-les produisent, sont maudites & déte-stables aux yeux de Dieu : sa voix con-sterne le Vice, & rassure la Vertu : le calme renaît dans l'esprit : il apperçoit le danger qu'il a couru , & s'attache plus fortement que jamais aux principes qu'il étoit fur le point d'abandonner.

La crainte des peines & l'efpoir des récompenfes font encore propres à raffermir celui que le partage des affections fait chanceler dans la Vertu. Je dis plus. Quand une fois l'efprit eft imbu d'idées fauffes , & lorfque la Créature entêtée d'opinions abfurdes fe roidit contre le vrai , méconnoît le bon , porte fon eftime & donne la préférence au vice ; fans la crainte des peines & l'efpoir des récompenfes , il n'y a plus de retour.

Imaginez un homme qui ait quelque bonté naturelle & de la droiture dans le caractère ; mais né avec un tempérament lâche & mol qui le rende incapable de faire face à l'adverfité , & de braver la mifére. Vient-il par malheur à fubir ces épreuves ? le chagrin s'empare de 'fon efprit ; tout l'afflige ; il s'irrite ; il s'emporte contre ce qu'il imagine être la caufe de fon infortune. Dans cet état s'il s'offre à fa penfée ; ou fi des amis corrompus lui fuggerent que fa probité eft la fource de fes peines , & que pour fe reconcilier avec la fortune , il n'a qu'à rompre avec la Vertu : il eft certain que l'eftime qu'il porte à cette qualité , s'affoiblira à mefure que le trouble & les aigreurs augmenteront dans fon efprit ; & qu'elle s'éclipfera bien-tôt , fi la confidération des biens futurs dont la Vertu lui promet la jouiffance , en dédommagement de ceux qu'il regrette , ne le foutient contre les penfées funeftes qui lui viennent ou les mauvais avis qu'il reçoit , ne fufpend la dépravation imminente de fon caractère , & ne le fixe dans fes premiers principes.

Si par de faux jugemens on a pris quelques Vices en affection, & les Vertus contraires en dédain. Si, par exemple, on regarde le pardon des injures comme une baffeffe, & la vengeance comme un acte héroïque ; on préviendroit peut-être les fuites de cette erreur, en confidérant que la douceur porte avec elle fa récompenfe , dans la tranquillité & les autres avantages qu'elle procure ; & que la rancune détruit. C'eft par cet utile artifice que la modeftie, la candeur, la fobriété & d'autres Vertus, quelquefois meprifées, pourroient rentrer dans l'eftime , & les paffions oppofées dans le mépris, qui leur font dûs ; & qu'on parviendroit avec le tems à pratiquer les unes & à détefter les autres, fans le moindre égard pour les plaifirs ou pour les peines qui les accompagnent.

C'eft par ces raifons que rien n'eft

plus avantageux dans un état qu'une adminiſtration vertueuſe & qu'une équitable diſtribution des punitions & des récompenſes. C'eſt un mur d'airain contre lequel ſe briſent preſque toujours les complots des méchans : c'eſt une digue qui tourne leurs efforts au bien de la ſociété ; c'eſt plus que tout cela : c'eſt un moyen ſûr d'attacher les hommes à la Vertu , en attachant à la Vertu leur intérêt particulier ; d'écarter tous les préjugés qui les en éloignent ; de lui préparer dans leurs cœurs un accueil favorable , & de les mettre par une pratique conſtante du bien , dans un ſentier dont on ne les détourneroit pas ſans peine. S'il arrivoit qu'un peuple arraché au deſpotiſme & à la barbarie , policé par des loix , & devenu vertueux dans le cours d'une adminiſtration équitable , retombât bruſquement ſous un gouvernement arbitraire, tel que celui des Peuples Orientaux ; ſa Vertu s'irritant dans les fers, il n'en ſera que plus prompt à les ſecouer & que plus propre à les rompre. Si toutefois la tyrannie & ſes artifices viennent à prévaloir, & ſi ce peuple perd toute liberté : avant qu'une injuſte diſtribution des récompenſes & des châtimens lui ait ôté le ſentiment de cette injure ; avant que l'habitude l'ait fait à ſa chaîne, les ſemences diſperſées de ſa Vertu premiere pouſſeront des racines qu'on diſtinguera juſques dans les générations ſuivantes.

Mais quoique la diſtribution équitable des récompenſes & des punitions ſoit dans un gouvernement, une cauſe eſſentielle de la Vertu d'un Peuple ; nous remarquerons que l'exemple plus efficace encore décide ſes inclinations * & forme

* Tous les Moraliſtes ne ſont pas de cet avis :

ſon caractère. Si le Magiſtrat n'eſt pas vertueux, la meilleure adminiſtration produira peu de choſe : au contraire les Sujets aimeront & reſpecteront les Loix, s'ils ſont une fois perſuadés de la Vertu de celui qui les juge.

Mais pour en revenir aux récompenſes & aux châtimens : c'eſt moins l'attrait ou l'effroi qui fait leur avantage dans la ſociété ; que l'eſtime de la Vertu & la haine du Vice que ces expreſſions

" telle eſt, dit un d'entr'eux dans ſon projet pour
„ l'avancement de la Religion, la perverſité des
„ hommes que le ſeul exemple d'un Prince vi-
„ cieux entraînera bientôt la maſſe générale de
„ ſes Sujets, & que la conduite exemplaire d'un
„ Monarque vertueux n'eſt pas capable de les ré-
„ former, ſi elle n'eſt ſoutenue d'autres expé-
„ diens. Il faut donc que le Souverain, en exer-
„ çant avec vigueur l'autorité que les Loix &
„ ſon Sceptre lui donnent, faſſe enſorte qu'il
„ ſoit de l'intérêt de chacun de s'attacher à la
„ Vertu, en privant les vicieux de toute eſpé-
„ rance d'avancement " ; il eſt clair que ce ſça-
vant Auteur donne la préférence aux avantages d'une bonne adminiſtration ſur ceux d'un
bon exemple.

publiques de l'approbation ou de la cen-
fure du genre humain réveillent dans
l'honnête-Homme & dans le Scélérat. En
effet dans les Exécutions, on voit affez
communément que la honte du crime &
l'infâmie du supplice font presque toute
la peine des Criminels. Ce n'est pas
tant la mort qui cause l'horreur du
Patient & des Spectateurs, que la po-
tence ou la rouë qui le déclare infracteur des Loix de la Justice & de l'humanité.

Dans les familles, l'effet des récompenses & des châtimens est le même
que dans la société. Un Maître sevère,
le fouet à la main, rendra sans doute
son Esclave ou son Mercénaire attentif
à ses devoirs ; mais il n'en fera pas
meilleur. Cependant le même homme,
revêtu d'un caractère plus doux, avec
de foibles récompenses & des corrections

légeres , formera des enfans vertueux.
A l'aide , tantôt de ses menaces , tantôt
de ses caresses , il leur inculquera des principes qu'ils suivront bientôt sans égard
pour la récompense qui les encourageoit,
ou pour la verge qui les effrayoit. Et
c'est là ce que nous appellons une éducation honnête & libérale. Tout autre
culte rendu à Dieu , tout autre service
rendu à l'homme , est vil , & ne mérite
aucun éloge.

Dans la Religion , si les récompenses
qu'elle promet sont libérales ; si le bonheur futur consiste dans la jouissance d'un
plaisir vertueux , tel , par exemple, que
la pratique ou la contemplation de la
Vertu même , dans une autre vie ·
(c'est le cas du Christianisme *) ; il est
évident que le désir de cet état ne peut

* On peut conclure de cette réflexion que
le Christianisme a peut-être été le seul culte

naître que d'un grand amour de la Vertu, & conferve par conféquent toute la dignité de fon origine. Car ce défir n'eft point un fentiment intéreffé : l'amour de la Vertu n'eft jamais un penchant vil & fordide ; le défir de la vie par amour de la Vertu ne peut donc paffer pour tel. Mais fi ce défir d'une autre vie naiffoit de l'horreur ou de la mort ou de l'anéantiffement ; s'il étoit occafionné par quelqu'affection vicieufe , ou par un attachement à des chofes étrangeres à la Vertu ; il ne feroit plus vertueux.

établi dans le monde , qui ait propofé aux hommes des récompenfes à venir dignes d'eux. Le Juif content du bonheur temporel ne connoiffoit guéres d'autres efpérances. L'Egyptien fe promettoit à force de bien vivre , de devenir un jour Eléphant blanc. Le Payen comptoit fe promener dans les Champs Elizées , boire le Nectar & fe repaître d'Ambroifie. Le Mahométan privé de Vin par fa Loi & voluptueux par tempérament , efpere s'enyvrer éternellement entre des Houris grifes , rouges , vertes & blanches. Mais le Chrétien jouira de fon Dieu.

Si

Si donc une Créature raisonnable, sans égard pour la Vertu, aime la vie par rapport à la vie même ; peut-être fera-t'elle pour la conserver, ou par horreur de la mort, quelque action de virilité : peut-être en s'efforçant de mépriser les objets de sa crainte, tendra-t'elle à la perfection ; mais cet effort n'est pas encore une Vertu. Cette Créature est tout au plus dans les avenues, sur la route : après s'être embarquée par pur intérêt, la bassesse avouée du motif ne la met point au port : en un mot elle ne sera vertueuse que quand ses efforts feront germer en elle quelqu'affection pour la bonté morale considérée comme telle, & sans égard à ses intérêts.

Tels sont les avantages & les désavantages qui reviennent à la Vertu, de ses liaisons avec les intérêts privés de la Créature. Car quoique la multiplicité

I. Partie.   H

des vûes intéressées soit peu propre à donner du relief aux actions ; l'homme n'en sera que plus ferme dans la Vertu, s'il est une fois convaincu qu'elle ne croise jamais ses vrais intérêts.

Celui donc qui par un mûr examen & de solides réflexions, s'est assuré qu'on n'est heureux dans ce Monde qu'autant qu'on est vertueux & que le vice ne peut-être que misérable, a mis sa vertu dans un abri louable & nécessaire. Sans chercher dans l'intégrité morale des commodités relatives à son état present, à sa constitution, ou à d'autres circon- stances pareilles ; s'il est persuadé qu'une puissance supérieure & toujours attenti- ve au train du monde prête un secours immédiat à l'honnête-homme contre les attentats du méchant ; il ne perdra jamais rien de l'estime qu'il doit à la Vertu ; estime qui s'affoibliroit peut-être en lui,

fans cette croyance. Mais fi , peu convaincu d'une affiſtance actuelle de la
Providence, il eſt dans une attente ferme
& conſtante des récompenſes à venir ;
ſa vertu trouvera le même appui dans
cette hypothèſe.

Remarquez cependant que dans un
ſyſtême où l'on feroit ſonner ſi haut ces
récompenſes infinies , les cœurs en pourroient tellement être affectés qu'ils né-
gligeroient & peut-être oublieroient à
la longue les motifs déſintéreſſés de pratiquer la Vertu. D'ailleurs cette merveilleuſe attente des biens ineffables d'une
autre vie , doit conſéquemment déprimer la valeur & rallentir la pourſuite
des choſes paſſagéres de celle-ci. Une
Créature poſſédée d'un intérêt ſi particulier & ſi grand , pourroit compter
le reſte pour rien , & toute occupée de
ſon ſalut éternel traiter quelquefois com-

me des diftractions méprifables , & des affections viles , terreftres & momenta- nées , les douceurs de l'amitié , les loix du fang & les devoirs de l'humanité. Une imagination frappée de la forte décriera peut-être les avantages tempo- rels de la bonté & les récompenfes naturelles de la Vertu ; élévera jufqu'aux nuës la félicité des méchans & décla- rera dans les accès d'un zèle inconfi- déré que « fans l'attente des biens futurs » & fans la crainte des peines éternel- » les , elle renonceroit à la probité pour » fe livrer entiérement à la débauche , » au crime & à la dépravation. » Ce qui démontre que rien en quelque façon ne feroit plus fatal à la Vertu qu'une croyance incertaine & vague des récompenfes & des châtimens à venir. Car fi ce fondement fur lequel on auroit appuyé tout l'édifice*

* J'ai connu un Architecte qui étaya fi

moral , vient une fois à manquer ; je vois la Vertu chanceler , refter fans appui & prête à s'écrouler.

Quant à l'Athéifme , le décri des avantages de la Vertu n'eft pas une conféquence directe de cette hypothèfe *. Pour être convaincu qu'il y a du profit

fortement un Bâtiment qui menaçoit ruine d'un côté , qu'il en fut renverfé de l'autre. Le même accident eft prefque arrivé en morale. On ne s'eft pas contenté de relever les avantages de la Vertu & de l'honnêteté ; on s'eft méfié de ces appuis & on y en a ajouté d'autres d'une façon à culbuter l'édifice. On a tant exalté les récompenfes qui l'attendoient, que les hommes ont été expofés à n'avoir pas d'autres raifons d'être vertueux. Toutefois , fi ce fentiment vient à exclure les motifs plus relevés , tout mérite femble s'anéantir dans la Créature qu'il dirige.

* L'Athéifme laiffe la probité fans appui. Il fait pis , il pouffe indirectement à la dépravation. Cependant Hobbs étoit bon citoyen, bon parent , bon ami & ne croyoit point en Dieu. Les hommes ne font pas conféquens : on offenfe un Dieu dont on admet l'exiftence : on nie l'exiftence d'un Dieu dont on a bien mérité ; & s'il y avoit à s'étonner, ce ne feroit pas d'un Athée qui vit bien , mais d'un Chrétien qui vit mal.

H iij

à être vertueux, il n'eſt pas néceſſaire de croire en Dieu. Mais le préjugé contraire une fois contracté ; le mal eſt ſans reméde , & il faut convenir qu'indirectement l'Athéiſme y conduit.

Il eſt preſqu'impoſſible de faire grand cas des avantages preſens de la Vertu , ſans concevoir une haute idée de la ſatisfaction qui naît de l'eſtime & de la bienveillance du genre - humain. Mais pour connoître tout le prix de cette ſatisfaction , il faut l'avoir éprouvée. C'eſt donc ſur la poſſeſſion raviſſante de l'affection généreuſe des hommes , & ſur la connoiſſance de l'énergie de ce plaiſir , que ſont fondés ceux qui placent le bonheur actuel dans la pratique des Vertus. Mais ſuppoſer qu'il n'y a ni bonté ni charmes dans la nature ; que cet Etre ſuprême qui nous preſcrit la bienveillance pour nos

femblables , par les témoignages jour-
naliers que nous recevons de la fienne ,
eft un Etre chimérique ; ce n'eft pas le
moyen d'aiguifer les affections fociales
& d'acquérir l'amour défintéreffé de la
Vertu. Au contraire , un tel fyftême
tend à confondre les idées de laideur &
de beauté , & à fupprimer ce tribut
habituel d'admiration que nous ren-
dons au deffein , aux proportions , &
à l'harmonie qui régnent dans l'ordre
des chofes. Car que peut offrir l'U-
nivers de grand & d'admirable à celui
qui regarde l'Univers même , comme
un modèle de défordre ? Celui pour
qui le Tout dénué de perfections , n'eft
qu'une vafte difformité , remarquera-t'il
quelque beauté dans les parties fubordonnées ?

Cependant quoi de plus affligeant que
de penfer que l'on exifte dans un éternel

cahos ? qu'on fait partie d'une machine détraquée dont on a mille désastres à craindre , & où l'on n'apperçoit rien de bon , rien de satisfaisant , rien qui n'excite le mépris , la haine & le dégoût. Ces idées sombres & mélancoliques doivent influer sur le caractère, affecter les inclinations sociales, mettre de l'aigreur dans le tempérament, affoiblir l'amour de la justice & sapper à la longue les principes de la Vertu.

Il n'en est pas de même de celui qui adore un Dieu ; mais un Dieu qui ne soit pas vainement honoré du titre de bon , qui le soit en effet ; un Dieu dont l'histoire offre à chaque page des marques de douceur & de bonté. Un tel homme admet conséquemment des récompenses & des châtimens à venir : il est persuadé de plus que les récompenses sont destinées au Mérite & à la Vertu, & les châtimens au vice & à la méchanceté, sans que des qualités étrangeres à celles-là, ou des circonstances imprévues puissent tromper son attente; autrement perdant de vûe les notions de châtiment & de récompense, il n'admettroit qu'une distribution capricieuse de biens & de maux, & tout son systême sur l'autre monde, ne seroit dans celui-ci d'aucun avantage pour sa Vertu. A l'aide de ces hypothèses, il pourroit conserver son intégrité dans les plus critiques circonstances de la vie; eût-il été jetté par des événemens singuliers, ou des raisonnemens sophistiques dans l'opinion malheureuse qu'il faut renoncer à son bonheur, pour travailler à son salut.

Toutefois ce préjugé contraire à la Vertu me paroît incompatible avec un

Théïfme épuré * quoi qu'il en foit de l'autre vie, ou des récompenfes & des

* Si dès ce Monde la Vertu porte avec elle fa récompenfe & le Vice, fon châtiment ; quel motif d'efpérance pour le Théïfte ? N'aura-t'il pas raifon de croire que l'Etre fuprême qui exerce dans cette vie, une juftice diftributive entre les bons & les méchans, n'abandonnera pas cette voye confolante dans l'autre ? Ne pourra-t'il pas regarder les biens paffagers dont il jouit comme des arrhes du bonheur éternel qui l'attend ? Car fi la Vertu a des avantages actuels, toutefois il en coute pour être vertueux : fi l'état de l'honnête-homme ici bas n'eft pas déplorable, il s'en faut bien que fa félicité foit complette : il lui refte toujours des defirs ; & ces defirs, preuves inconteftables de l'infuffifance de fa récompenfe actuelle, ne confpirent-t'ils pas avec la révélation qu'il eft prêt d'admettre, pour l'affurer d'une vie à venir. Mais fi l'on fuppofoit au contraire que l'honnête-homme ne peut être que malheureux en ce Monde & que la félicité temporelle eft incompatible avec la Vertu ; l'œconomie finguliére qui régneroit dans l'Univers, ne le porteroit-elle pas à fe méfier de l'ordre qui régnera dans l'autre vie ? Décrier la Vertu, n'eft-ce donc pas prêter main-forte à l'Athéïfme ? Amplifier les défordres apparens dans la Nature, n'eft-ce pas ébranler l'exiftence d'un Dieu, fans fortifier la croyance d'une vie à venir ? Un fait vrai, c'eft que ceux qui ont la meilleure opinion des avantages de la

châtimens à venir ; celui qui , comme un bon Théiste , admet un Etre souverain dans la nature , une intelligence qui gouverne tout avec sagesse & bonté , peut-il imaginer qu'elle ait attaché son malheur en ce monde à des pratiques qui lui sont ordonnées ? supposer que la Vertu soit un des maux naturels de la Créature & que le Vice fasse constamment son bien-être ; n'est-ce pas accuser l'ordonnance de l'Univers & la constitution générale des choses , d'un défaut essentiel & d'une grossiére imperfection ?

Il me reste à considérer un nouvel avantage que le Théisme fournit à la Créature pour être vertueuse , à l'ex-

Vertu dans ce Monde , ne sont pas les moins fermes dans l'attente de l'autre. Une proposition vrai-semblable , c'est qu'il est aussi naturel aux Défenseurs de la Vertu d'assurer l'immortalité de l'Ame qu'ils ont raison de souhaiter , qu'aux Partisans du Vice de combattre ce sentiment dont ils ont lieu de craindre la vérité.

clufion de l'Athéifme. Le premier coup d'œil ne fera peut-être pas favorable à la réflexion qui fuit : je crains qu'on ne la prenne pour une vaine fubtilité, & qu'on ne la rejette comme un rafinement de Philofophie. Si toutefois elle peut avoir quelque poids, c'eft à la fuite de ce que nous venons de dire.

Toute Créature, comme nous l'avons prouvé, a naturellement quelques degrés de malice qui lui viennent d'une averfion ou d'un penchant qui ne fera pas au ton de fon intérêt privé ou du bien général de fon efpece. Qu'un Etre penfant ait la mefure d'averfion néceffaire pour l'allarmer à l'approche d'une calamité, ou pour l'armer dans un péril imminent ; jufques-là il n'y a rien à dire, tout eft dans l'ordre. Mais fi l'averfion continue, après que le malheur eft arrivé ; fi la paffion augmente, lorfque le mal eſt fait ; ſi la Créature furieuſe du coup qu'elle a reçu , ſe récrie contre le ſort , s'emporte & déteſte ſa condition ; il faut avouer que cet emportement eſt vicieux dans ſa nature & dans ſes ſuites ; car il déprave le tempérament en le tournant à la colere , & trouble dans l'accès cette œconomie tranquille des affections, ſi convenable à la Vertu : mais avouer que cet emportement eſt vicieux , c'eſt reconnoître que dans les mêmes conjonctures, une patience muette & qu'une modeſte fermeté ſeroient des Vertus. Or , dans l'hypothèſe de ceux qui nient l'exiſtence d'un Etre ſuprême , il eſt certain que la néceſſité prétendue des cauſes ne doit amener aucun Phénomene qui mérite leur haine ou leur amour, leur horreur ou leur admiration. Mais comme les plus belles réflexions du monde ſur le caprice du hazard ou fur le mouvement fortuit des Atomes n'ont rien de con-folant ; il eft difficile que dans des cir-conftances fâcheufes, que dans des tems durs & malheureux, l'Athée n'entre en mauvaife humeur & ne fe déchaîne contre un arrangement fi déteftable & fi malfaifant. Mais le Théifte eft per-fuadé que « quelqu'effet que l'ordre qui » régne dans l'Univers, ait produit ; il » ne peut être que bon ». Cela fuffit. Le voilà prêt à regarder fans horreur les plus affreufes calamités & à fupporter fans murmure ces événemens qui ne femblent être faits que pour rendre à toute Créature fenfible & raifonnable, fa condition incommode & fon exiftence odieufe. Ce n'eft pas tout. Son fyftême peut le conduire à une réconciliation plus entiere : il chérira fon état actuel ; car qui l'empêche, en étendant fes idées, de fortir de fon efpece & de regarder le fléau qui l'afflige, comme le bonheur d'une Patrie moins étroite dont il eft membre, & dont il doit aimer les avantages en Citoyen généreux & fidelle.

Ce tour d'affection doit produire la plus héroïque conftance qu'un homme puiffe montrer dans un état de fouffrance, & le réfoudre de la façon la plus généreufe aux entreprifes que l'honneur & la Vertu peuvent exiger. A travers ce Télefcope on apperçoit les accidents particuliers, les injuftices & les méchancetés dans un jour qui difpofe à les tolérer & à conferver dans le cours de la vie toute l'égalité poffible. Ce tour d'affection & ce Télefcope moral font donc vraiment excellens, & la Créature qui les poffede eft bonne & vertueufe par excellence. Car tout ce qui tend à attacher la Créature à son rôle dans la société & à l'animer d'un zèle plus qu'ordinaire pour le bien général de son espece , est sans contredit en elle le germe d'une Vertu peu commune.

Un fait constant, c'est que par une espece de sympathie le sentiment & l'amour de l'harmonie , des proportions & de l'ordre , en quelque genre que ce puisse être , redresse le tempérament , fortifie les affections sociales , & soutient la Vertu qui n'est elle-même qu'un amour de l'ordre , des proportions & de l'harmonie dans les mœurs & dans la conduite. Dans les sujets les plus frivoles , l'ordre frappe & se fait approuver : mais si c'est une fois l'ordre & la beauté de l'Univers qui soient les objets de notre admiration & de notre amour ; nos affections partageront la grandeur

grandeur & la magnificence du ſujet,
& l'*élégante* ſenſibilité pour le beau ,
diſpoſition ſi favorable à la Vertu, nous
conduira juſqu'à l'extaſe. * En effet ;
tandis qu'un peu d'harmonie & quelques proportions remarquées dans les
productions des ſciences ou des arts ,
tranſportent d'admiration les maîtres &
les connoiſſeurs , ſeroit-il poſſible de

* *Eſt enim animorum ingeniorumque naturale
quoddam quaſi pabulum conſideratio , contem-
platioque naturæ. Erigimur , elatiores fieri vi-
demur , humana deſpicimus ; cogitanteſque
ſupera atque cœleſtia , hæc noſtra ut exigua &
minima , contemnimus. Indagatio ipſa rerum
tum maximarum tum occultiſſimarum habet de-
lectationem. Si verò aliquid occurrat , quod
veriſimile videatur, humaniſſimâ completur animus voluptate.* A meſure que l'Univers s'é-
tend aux yeux d'un Philoſophe , tout ce qui
l'environne ſe rappetiſſe. La Terre s'évanouit
ſous ſes pieds. Lui-même que devient-il ?
Cependant il reſſent un doux frémiſſement
dans cette contemplation qui l'anéantit ; après
s'être vû noyé , pour ainſi dire , & perdu dans
l'immenſité des Etres , il éprouve une ſatisfaction ſecrette à ſe retrouver ſous les yeux de
la Divinité,

contempler un Chef-d'œuvre divin, fans éprouver le raviſſement. Donc

Le Théiſme fût-il traité comme une fauſſe hypothèſe, l'ordre de l'Univers fût-il un chimere ; la belle paſſion pour la Nature n'en ſeroit pas moins favorable à la Vertu. Mais s'il eſt raiſonnable de croire en Dieu ; ſi la beauté de l'Univers eſt réelle ; l'admiration devient juſte, naturelle & néceſſaire dans toute Créature reconnoiſſante & ſenſible.

Preſentement, il eſt facile de déterminer l'analogie de la Vertu à la Piété. Celle-ci eſt proprement le complément de l'autre : où la piété manque ; la fermeté, la douceur, l'égalité d'eſprit, l'œconomie des affections & la Vertu ſont imparfaites.

On ne peut donc atteindre à la perfection morale, arriver au ſuprême dégré de la Vertu, ſans la connoiſſance du vrai Dieu.

ESSAI

SUR LE MÉRITE

ET LA VERTU.

ESSAI
SUR LE
MERITE ET LA VERTU

LIVRE SECOND.

PARTIE PREMIERE.

SECTION PREMIERE.

NOus avons déterminé ce que c'est
que la Vertu morale & quelle est
la Créature qu'on peut appeller moralement vertueuse. Il nous reste à chercher

I iij

quels motifs & quel intérêt nous avons à mériter ce titre.

Nous avons découvert que celui-là seul mérite le nom de Vertueux dont toutes les affections, tous les penchans, en un mot toutes les dispositions d'esprit & de cœur, font conformes au bien général de son espece, c'est-à dire, du fyftême de Créatures dans lequel la Nature l'a placé & dont il fait partie.

Que cette œconomie des affections, ce jufte tempérament entre les paffions, cette conformité des penchans au bien général & particulier, conftituoient la droiture, l'intégrité, la juftice & la bonté naturelle.

Et que la corruption, le vice & la dépravation, naiffoient du défordre des affections, & confiftoient dans un état précifément contraire au précédent.

Nous avons démontré que les affe-

ctions d'une Créature quelconque avoient
un rapport conſtant & déterminé avec
l'intérêt général de ſon eſpece. C'eſt
une vérité que nous avons fait toucher
au doigt, quant aux inclinations ſociales
telles que la tendreſſe paternelle, le
penchant à la propagation, l'éducation
des enfans, l'amour de la compagnie,
la reconnoiſſance, la compaſſion, la
conſpiration mutuelle dans les dangers,
& leurs ſemblables. De ſorte qu'il faut
convenir qu'il eſt auſſi naturel à la Créature de travailler au bien général de
ſon eſpece, qu'à une plante de porter
ſon fruit, & à un organe ou à quelqu'autre partie de notre corps de prendre l'étendue & la conformation qui
conviennent à la Machine entiére; * &

* On pourroit ajouter à cela que, nous
ſommes, chacun, dans la Société, ce qu'eſt
une partie relativement à un Tout organiſé.
La meſure du tems eſt la propriété eſſentielle

I iiij

qu'il n'eſt pas plus naturel à l'eſtomac de digérer, aux poumons de reſpirer, aux glandes de filtrer & aux autres viſcéres de remplir leurs fonctions; quoique toutes ces parties puiſſent être troublées dans leurs opérations, par des obſtructions & d'autres accidens.

Mais en diſtribuant les affections de la Créature, en inclinations favorables au bien général de ſon eſpece, & en penchans dirigés à ſes intérêts particuliers, on en conclura que ſouvent elle ſe trouvera dans le cas de croiſer & de contredire les unes pour favoriſer &

d'une Montre : le bonheur des particuliers eſt la fin principale de la Société. Ces effets, ou ne ſe produiront point, ou ne ſe produiront qu'imparfaitement, ſans une conſpiration mutuelle des parties dans la Montre & des membres dans la Société. Si quelque roue ſe dérange la meſure du tems ſera ſuſpendue, ou troublée. Si quelque particulier occupe une place qui n'étoit point faite pour lui ; le bien général en ſouffrira ou même s'anéantira ; & la Société ne ſera plus que l'image d'une Montre détraquée.

suivre les autres , & l'on conclura juste ;
car comment sans cela , l'espece pourroit-elle se perpétuer ? Que signifieroit
cette affection naturelle qui la précipite
à travers les dangers pour la défense &
la conservation de ces Etres qui lui
doivent déja la naissance & dont l'é-
ducation lui coûtera tant de soins.

On seroit donc tenté de croire qu'il
y a une opposition absolue entre ces
deux especes d'affections , & l'on présu-
meroit que s'attacher au bien général
de son espece en écoutant les unes ,
c'est fermer l'oreille aux autres , & renoncer à son intérêt particulier. Car
en supposant que les soins , les dangers & les travaux , de quelque nature
qu'ils soient , font des maux dans le
systême individuel ; puisqu'il est de l'es-
sence des affections sociales d'y porter
la Créature , on en inférera sur le

champ qu'il est de son intérêt de se défaire de ces penchans.

Nous convenons que toute affection sociale, telle que la commisération, l'amitié, la reconnoissance & les autres inclinations libérales & généreuses, ne subsiste & ne s'étend qu'aux dépens des passions intéressées, que les premieres nous divisent d'avec nous-mêmes & nous ferment les yeux sur nos aises & sur notre salut particulier. Il semble donc que pour être parfaitement à soi & tendre à son intérêt avec toute la vigueur possible, on n'auroit rien de mieux à faire pour son propre bonheur, que de déraciner sans ménagement toute cette suite d'affections sociales, & de traiter la bonté, la douceur, la commisération, l'affabilité, & leurs semblables, comme des extravagances d'imagination ou des foiblesses de la nature.

En conséquence de ces idées singuliéres , il faudroit avouer que dans chaque syftême de Créatures , l'intérêt de l'individu eft contradictoire à l'intérêt général & que le bien de la Nature dans le particulier eft incompatible avec celui de la commune nature. Etrange conftitution ! dans laquelle , il y auroit certainement un défordre & des bizarreries que nous n'apperçevons point dans le refte de l'Univers. J'aimerois autant dire de quelque corps organifé , animal ou végétatif , que , pour affurer que chaque partie jouit d'une bonne fanté , il faut abfolument fuppofer que le tout eft malade.

Mais pour expofer toute l'abfurdité de cette hypothèfe , nous allons démontrer que , tandis que les hommes s'imaginant que leur avantage préfent eft dans le Vice & leur mal réel dans la

Vertu , s'étonnent d'un défordre qu'ils fuppofent gratuitement dans la conduite de l'Univers , la Nature fait précifément le contraire de ce qu'ils imaginenr : que l'intérêt particulier de la Créature eft inféparable de l'intérêt général de fon efpece ; enfin que fon vrai bonheur confifte dans la Vertu & que le Vice ne peut manquer de faire fon malheur.

SECTION SECONDE.

Peu de gens oferoient fuppofer qu'une Créature en qui ils n'apperçoivent aucune affection naturelle , qui leur paroît deftituée de tout fentiment focial & de toute inclination communicative , joüit en elle-même de quelque fatisfaction & retire de grands avantages de fa reffemblance avec d'autres Etres : l'opinion générale , c'eft qu'une pareille Créature en rompant avec le genre-

humain, en renonçant à la société, n'en
a que moins de contentement dans la
vie & n'en peut trouver que moins de
douceur dans les plaisirs des sens. Le
chagrin, l'impatience, & la mauvaise
humeur, ne seront plus en elle des momens fâcheux ; c'est un état habituel
auquel tout caractère insociable ne
manque pas de se fixer. C'est alors qu'u-
ne foule d'idées tristes s'emparent de
l'esprit & que le cœur est en proye à
mille inclinations perverses qui l'agitent
& le déchirent sans relâche : c'est alors
que, des noirceurs de la mélancolie &
des aigreurs de l'inquiétude, naissent ces
antipathies cruelles par qui la Créature
mécontente d'elle-même se révolte contre tout le monde. Le sentiment intérieur
qui lui crie qu'un Etre si dépravé, incommode à quiconque l'approche, ne
peut qu'être odieux à ses semblables,

la remplit de soupçons & de jalousies,
la tient dans les craintes & les horreurs,
& la jette dans des perplexités que la
fortune la mieux établie & la plus constante prospérité sont incapables de
calmer.

Tels sont les simptômes de la perversité complette, & l'on est d'accord
sur leur évidence. Lorsque la dépravation est totale ; lorsque l'amitié, la
candeur, l'équité, la confiance, la so-
ciabilité, sont anéanties ; lors enfin que
l'Apostasie morale est consommée, tout
le monde s'apperçoit & convient de la
misére qui la suit. Quand le mal est à
son dernier degré ; il n'y a qu'un avis.
Pourquoi faut-il qu'on perde de vûe les
funestes influances de la dépravation dans
ses degrés inférieurs ? on s'imagine que
la misére n'est pas toujours proportionnée à l'iniquité ; comme si la méchan-

ceté complette pouvoit entraîner la plus grande miſére poſſible ; ſans que ſes moindres degrés partageaſſent ce châti-ment. Parler ainſi , c'eſt dire qu'à la vérité , le plus grand dommage qu'un corps puiſſe ſouffrir , c'eſt d'être diſlo-qué, démembré, & mis en mille piéces ; mais que la perte d'un bras ou d'une jambe , d'un œil , d'une oreille ou d'un doigt , c'eſt une bagatelle qui ne mérite pas qu'on y faſſe attention.

L'eſprit a, pour ainſi dire , ſes parties, & ſes parties ont leurs proportions. Les dépendances réciproques & le rapport mutuel de ces parties , l'ordre & la connexion des penchans , le mélange & la balance des affections qui forment le caractère , ſont des objets faciles à ſaiſir par celui qui ne juge pas cette Anatomie intérieure , indigne de quelque attention. L'œconomie animale n'eſt ni plus exacte , ni plus réelle. Peu de gens toutefois se sont occupés à anatomiser l'ame , & c'est un art que personne ne rougit d'ignorer parfaitement*. Tout le monde convient que le tem-

* On se pique de connoître les qualités d'un bon Cheval , d'un bon Chien & d'un bon Oiseau. On est parfaitement instruit des affections , du tempérament, des humeurs & de la forme convenable à chacune de ces especes. Si par hazard un Chien décele quelque défaut contraire à sa nature ; " cet animal , dit-on ,, incontinent , est vicieux,, ; & fortement persuadé que ce vice le rend moins propre aux services qu'on en doit attendre , on met tout en œuvre pour le corriger. Il y a peu de jeunes gens qui n'entendent plus ou moins cette discipline. Suivons cet écervelé qui , pour quelqu'ordre futile & peut-être deshonnête , différé ou mal-adroitement exécuté , feroit périr un Domestique sous le bâton, suivons-le , dans ses écuries & demandons-lui pourquoi ce Cheval est séparé de la société des autres ; " Il a ,, la jambe fine , il porte noblement sa tête , ,, il est en apparence plein d'ame & de feu :,, Vous avez raison, vous répondra-t'il ; " mais ,, il est excessivement fougueux ; on en n'approche pas sans danger ; son ombre l'effa-,, rouche ; une mouche lui fait prendre le mors ,, aux dents ; il faut que je m'en défasse ". De-là passant à ses Chiens : " Voyez-vous ,

pérament

pérament varie & que ſes viciſſitudes
peuvent être funeſtes ; & qui que ce

„ ajoutera-t'il , tout de ſuite, (car vous avez
„ touché ſa corde .) ; voyez-vous cette petite
„ Chienne noire & blanche : elle eſt aſſez mal
„ coëffée : ſon poil & ſa taille ne ſont pas
„ avantageux : elle paroît manquer de jarret ;
„ mais elle a l'odorat exquis ; pour la ſagacité,
„ je ne connois pas ſa pareille ; & de l'ardeur :
„ hélas ! elle n'en a que trop pour ſa force.
„ Si j'avois le malheur de la perdre , je don-
„ nerois pour la retrouver tous ces grands
„ Chiens de parade qui m'embarraſſent plus
„ qu'ils ne me ſervent. Fainéans , lâches &
„ gourmands, mon Piqueur a pris des peines
„ infinies pour n'en rien faire qui vaille : ils
„ ont tellement dégénérés ; (car Finaude leur
„ mere étoit admirable !) qu'il faut que par
„ la négligence de ces coquins à rouer à coups
„ de barre (ce ſont ſes Valets d'écurie) elle
„ ait été couverte par quelque Mâtin de ma
„ baſſe-cour. „ C'eſt ainſi que ceux qui ont
le moins étudié la Nature dans leur eſpece ,
diſtinguent à merveille & les défauts qui lui
ſont étrangers , & les qualités qui lui conviennent, en d'autres Créatures. C'eſt ainſi que
la bonté qui les affecte ſi peu en eux-mêmes
& dans leurs ſemblables , ſurprend ailleurs leur
hommage : tant eſt naturel le ſentiment que
nous en avons. C'eſt bien ici que nous au-
rons raiſon de dire avec Horace

Naturam expellas furcâ , tamen uſque recurret.

II. Partie.   K

foit ne fe met en peine d'en chercher la caufe. On fçait que notre conftitution intellectuelle eft fujette à des paralyfies qui l'accablent & l'on n'eft point curieux de connoître l'origine de ces accidens. Perfonne ne prend le Scalpel & ne travaille à s'éclairer dans les entrailles du Cadavre * : on en eft à peine dans cette

* Le Chirurgien habile s'exerce long-tems fur les morts avant que d'opérer fur les vivans : il s'inftruit le fcalpel à la main , de la fituation , de la nature , & de la configuration des parties : il avoit exécuté cent fois fur le Cadavre les opérations de fon art avant que de les tenter fur l'Homme. C'eft un exemple que nous dévrions tous imiter : *te ipfum concute.* Rien n'eft plus reffemblant à ce que l'Anatomifte appelle *un Sujet*, que l'ame dans un état de tranquillité : il ne faut alors pour opérer fur elle ni la même adreffe ni le même courage que , quand les paffions l'échauffent & l'animent. On peut fonder fes bleffures & parcourir fes replis , fans l'entendre fe plaindre , gémir , foupirer : au contraire dans le tumulte des paffions , c'eft un malade pufillanime & fenfible que le moindre appareil effraye ; c'eft un Patient intraitable qu'on ne peut réfoudre. Dans cet état , quel efpoir de guerifon , furtout fi le·Médecin eft un ignorant !

matiére aux idées de Parties & de Tout.
On ignore entiérement l'effet que doivent produire une affection réprimée, un mauvais penchant négligé, ou quelque bonne inclination relâchée. Comment une seule action a-t'elle occafionné dans l'efprit une révolution capable de le priver de tout plaifir ; c'eft ce qu'on voit arriver ; c'eft ce qu'on ne comprend pas ; & dans l'indifférence de s'en inftruire, on eft tout prêt à fuppofer qu'un Homme peut violer fa foi, s'abandonner à des crimes qui ne lui font point familiers & fe plonger dans les vices , fans porter le trouble dans fon ame & fans s'expofer à des fuites fatales à fon bonheur.

On dit tous les jours « Un tel a fait » une baffeffe ; mais en eft-il moins heu- » reux ? » Cependant en parlant de ces hommes fombres & farouches, on dit encore « Cet homme eſt ſon propre » bourreau ». Une autre fois on conviendra « qu'il y a des paſſions , des » humeurs , tel tempérament capable » d'empoiſonner la condition la plus dou- » ce & de rendre la Créature malheureu- » ſe dans le ſein de la proſpérité ». Tous ces raiſonnemens contradictoires , ne prouvent-ils pas ſuffiſamment que nous n'avons pas l'habitude de traiter des ſujets moraux & que nos idées ſont encore bien confuſes ſur cette matiére.

Si la conſtitution de l'eſprit nous paroiſſoit telle qu'elle eſt en effet ; ſi nous étions bien convaincus qu'il eſt impoſſible d'étouffer une affection raiſonnable ou de nourir un penchant vicieux, ſans attirer ſur nous un portion de cette miſére extrême dont nous convenons que la dépravation complette eſt toujours accompagnée , ne reconnoîtrionsnous pas en même-tems que toute action injuste portant le désordre dans le tempérament ou augmentant celui qui y régne déja, quiconque fait mal ou préjudicie à sa bonté, est plus fou, est plus cruel à lui-même que celui qui, sans égard pour sa santé, se nourriroit de mets empoisonnés, ou, qui se déchirant le corps de ses propres mains, se plairoit à se couvrir de blessures.

SECTION TROISIEME.

Nous avons fait voir que, dans l'Animal, toute action qui ne part point de ses affections naturelles, ou de ses passions, n'est point une action de l'Animal. Ainsi dans ces accès convulsifs où la Créature se frappe elle-même & s'élance sur ceux qui la secourent ; c'est un horloge détraqué qui sonne mal-à-propos : c'est la machine qui agit & non l'Animal.   K iij

Toute action de l'Animal, considéré comme Animal, part d'une affection, d'un penchant, ou d'une paſſion qui le meut ; telle que ſeroient, par exemple, l'amour, la crainte, ou la haine.

Des affections foibles ne peuvent l'emporter ſur des affections plus puiſſantes qu'elles ; & l'Animal ſuit néceſſairement* dans l'action le parti le plus fort. Si les affections inégalement partagées forment en nombre ou en eſſence un côté ſupérieur à l'autre, c'eſt de celui-là que l'Animal inclinera. Voilà le balancier qui le met en mouvement & qui le gouverne.

Les affections qui déterminent l'Animal dans ſes actions ſont de l'une ou de l'autre de ces trois eſpéces.

Ou des affections naturelles & dirigées au bien général de ſon eſpece.

* Remarquez qu'il ne s'agit que de l'Animal.

Ou des affections naturelles & dirigées à son intérêt particulier.

Ou des affections qui ne tendent ni
au bien général de son espece, ni à ses
intérêts particuliers, qui même sont op-
posées à son bien privé & que par cette
raison nous appellerons affections dénaturées : selon l'espece & le dégré de ces
affections, la Créature qu'elles dirigent,
est bien ou mal constituée, bonne ou
mauvaise.

Il est évident que la derniere espece
d'affections est toute vicieuse. Quant aux
deux autres, elles peuvent être bonnes
ou mauvaises selon leur degré. Elles
maîtrisent toujours la Créature purement
sensible ; mais la Créature sensible & raisonnable peut toujours les maîtriser,
quelque puissantes qu'elles soient.

Peut-être trouvera-t'on étrange que
des affections sociales puissent être trop

fortes & des affections intéressées, trop foibles. Mais pour dissiper ce scrupule, on n'a qu'à se rappeller (ce que nous avons dit plus haut) que dans des circonstances particuliéres, les affections sociales deviennent quelquefois excessives & se portent à un point qui les rend vicieuses. Lors, par exemple, que la commisération est si vive qu'elle manque son but, en supprimant par son excès les secours qu'on a droit d'en attendre : lorsque la tendresse maternelle est si violente qu'elle perd la Mere & par conséquent l'Enfant avec elle. « Mais, di-» ra-t'on, traiter de vicieux & de déna-» turé, ce qui n'est que l'excès de quel-» qu'affection naturelle & généreuse, n'y » auroit-il pas en cela un rigorisme mal » entendu » ? Pour toute réponse à cette objection, je remarquerai que la meilleure affection dans sa nature suffit par son *intenfité* pour endommager toutes fes compagnes , pour reftreindre leur énergie & rallentir ou fufpendre leurs opérations. En accordant trop à l'une , la Créature eft contrainte de donner trop peu à d'autres de la même claffe , & qui ne font ni moins naturelles ni moins utiles. Voilà donc l'injuftice & la partialité introduite dans le caractère : conféquemment , quelques devoirs feront remplis avec négligence ; & d'autres , moins effentiels peut-être , fuivis avec trop de chaleur.

On peut avouer fans crainte , ces principes dans toute leur étendue ; puifque la Religion même , confidérée comme une paffion , mais de l'efpece héroïque , peut être pouffée trop loin * &

---

* *Infani fapiens nomen ferat , æquus iniqui ,*
Ultrà quam fatis eft , virtutem fi petat ipfam.
Horat. Satyr.

troubler par son excès toute l'œconomie des inclinations sociales. Oui la Religion , j'ose le dire , seroit trop énergi-
que en celui qu'une contemplation im-
modérée des choses célestes , qu'une
intempérance d'extase , refroidiroit sur
les offices de la vie civile & les devoirs
de la société. Cependant « Si l'objet de
» la dévotion est raisonnable , & si la
» croyance est orthodoxe ; quelle que
» soit la dévotion , pourra-t'on dire en-
» core ; Il est dûr de la traiter de super-
» stition ? Car enfin si la Créature laisse
» aller ses affaires domestiques à l'aban-
» don & néglige les intérêts temporels
» de son prochain & les siens , c'est l'ex-
» cès d'un zèle saint dans son origine
» qui produit ces effets ». Je réponds à
cela que la vraie Religion ne comman-
de pas une abnégation totale des soins
d'ici bas : ce qu'elle exige , c'est la préfé-

rence du cœur : elle veut qu'on rende à Dieu, aux autres & à foi-même, tout ce qu'on leur doit, fans remplir une de ces obligations, au préjudice d'une autre. Elle fçait les concilier entr'elles par une fubordination fage & mefurée.

Mais fi d'un côté les affections fociales peuvent être trop énergiques. De l'autre, les paffions intéreffées peuvent être trop foibles. Si, par exemple, une Créature, ferme les yeux fur les dangers & méprife la vie ; fi les inclinations utiles à fa déffence, à fon bien-être & à fa confervation manquent de force ; c'eft affurément un vice en elle, relativement aux deffeins & au but de la Nature. Les loix & la méthode qu'elle obferve dans fes opérations, en font des preuves autentiques. Dira-t'on que le falut de l'Animal entier l'intéreffe moins que celui d'un membre, d'un organe ou d'une seule de ses parties ? Non, sans doute. Or elle a donné, nous le voyons, à chaque membre, à chaque organe, à chaque partie, les propriétés nécessaires à sa sûreté ; de sorte qu'à notre insçu même, ils veillent à leur bien-être & agissent pour leur deffense. L'œil naturellement circonspect & timide se ferme de lui-même & quelquefois malgré nous : ôtez-lui sa promptitude & son indocilité, & toute la prudence imaginable ne suffira pas à l'Animal pour se conserver la vûe. La foiblesse dans les affections qui concernent le bien de l'Automate est donc un vice : pourquoi le même défaut dans les affections qui concernent les intérêts d'un Tout plus important que le corps, je veux dire l'ame, l'esprit & le caractère, ne seroit-il pas une im-perfection ?

C'est en ce sens que les penchans in-

téreſſés deviennent eſſentiels à la Vertu.
Quoique la Créature ne ſoit ni bonne ni
vertueuſe, préciſément parce qu'elle a ces
affections ; comme elles concourent au
bien général de l'eſpece , quand elle en
eſt dénuée , elle ne poſſéde pas toute la
bonté dont elle eſt capable & peut être
regardée comme défectueuſe & mauvaiſe dans l'ordre naturel.

C'eſt encore en ce ſens que nous di-
ſons de quelqu'un « qu'il eſt trop bon »,
lorſque des affections trop ardentes pour
l'intérêt d'autrui l'entraînent au-delà ; ou
lorſque trop d'indolence pour ſes vrais
intérêts , l'arrête en-deçà des bornes que
la Nature & la Raiſon lui preſcrivent.

Si l'on nous objecte qu'une façon de
poſſéder dans les mœurs & d'obſerver
dans la conduite les proportions morales , ce ſeroit d'avoir les paſſions ſociales
trop énergiques , lorſque les penchans

intéreffés font exceffifs ; & lorfque les inclinations intéreffées font trop foibles, d'avoir les affections fociales défectueufes. Car en ce cas, celui qui compteroit fa vie pour peu de chofe, feroit avec une dofe legére d'affection fociale, tout ce que l'amitié la plus généreufe peut exiger ; & il n'y auroit rien de tout ce que le courage le plus héroïque infpire, qu'à l'aide d'un excès d'affection fociale, ne pût exécuter la Créature la plus timide.

Nous répondrons que c'eft relativement à la conftitution naturelle & à la deftination particuliére de la Créature, que nous accufons quelques paffions d'excès & que nous reprochons à d'autres, la foibleffe. Car lorfqu'un penchant dont l'objet eft raifonnable, n'eft utile que dans fa violence ; fi ce degré, d'ailleurs n'altére point l'œconomie intérieure

& ne met aucune difproportion entre les autres affections ; on ne pourra le condamner comme vicieux. Mais fi la conftitution naturelle de la Créature ne permet pas au refte des affections de monter à fon uniffon ; fi le ton des unes eft auffi haut, & celui des autres plus bas, quelle que foit la nature des unes & des autres , elles pécheront par excès ou par défaut : car puifqu'il n'y a plus entr'elles de proportion , puifque la balance qui doit les tempérer, eft rompue , ce défordre jettera de l'inégalité dans la pratique & rendra la conduite vicieufe.

Mais pour donner des idées claires & diftinctes de ce que j'entends par œconomie des affections , je defcends aux efpeces de Créatures qui nous font fubordonnées. Celles que la Nature n'a point armées contre la violence & qui ne font formidables d'aucun côté, doivent être fufceptibles d'une grande frayeur & ne reffentir que peu d'animofité ; car cette derniere qualité feroit infailliblement la caufe de leur perte foit en les déterminant à la réfiftance, foit en retardant leur fuite. C'eft à la crainte feule qu'elles peuvent avoir obligation de leur falut. Auffi la crainte tient-t'elle les fens en fentinelle, & les efprits en état de porter l'allarme.

En pareil cas, la frayeur habituelle & l'extrême timidité font conféquemment à la conftitution animale de la Créature, des affections auffi conformes à fon intérêt particulier & au bien général de fon efpéce, que le reffentiment & le courage feroient préjudiciables à l'un & à l'autre. Auffi-remarque-t-on que dans un feul & même fyftême, la nature a pris foin de diverfifier ces paffions proportionnellement tionellement au fexe, à l'âge & à la force des Créatures. Dans le fyftême animal, les animaux innocens fe raffemblent & paiffent en troupe ; mais les bêtes farouches vont communément deux à deux, vivent fans fociété & comme il convient à leur voracité naturelle. Entre les premiers, le courage eft toutefois en raifon de la taille & des forces. Dans les occafions périlleufes, tandis que le refte du troupeau s'enfuit, le bœuf préfente les cornes à l'ennemi, & montre bien qu'il fent fa vigueur. La nature qui femble prefcrire à la femelle de partager le danger, n'a pas laiffé fon front fans défenfe. Pour le Daim, la Biche & leurs femblables, ils ne font ni vicieux ni dénaturés, lorfqu'à l'approche du Lion, ils abandonnent leurs petits & cherchent leur falut dans leur vîteffe. Quant aux Créatures capables de réfiftance, & à qui la nature a donné des armes offenſives , depuis le cheval & le taureau juſqu'à l'abeille & au moucheron , ils entrent promptement en furie, ils fondent avec intrépidité ſur tout aggreſſeur , & défendent leurs petits au péril de leur propre vie. C'eſt l'animoſité de ces créatures qui fait la ſûreté de leur eſpéce. On eſt moins ardent à offenſer , quand on ſçait par expérience que le lézé , quoiqu'incapable de repouſſer l'injure , ne la ſupportera pas tranquillement; mais que , pour punir l'offenſeur , il s'expoſera ſans regret à perdre la vie. De tous les êtres vivans, l'homme eſt le plus formidable en ce ſens. Lorſqu'il s'agira de ſa propre cauſe ou de celle de ſon pays , il n'y a perſonne dont il ne puiſſe tirer une vengeance , qu'il regardera comme équitable & exemplaire , & s'il eſt aſſez intrépide pour ſacrifier ſa vie , il eſt maître de celle d'un autre quelque bien gardé qu'il puiſſe être. Dans ces Républiques de l'antiquité, où les peuples nés libres ont été quelquefois ſubjugués par l'ambition d'un Citoyen, on a vû des exemples de ce courage, & des uſurpateurs punis malgré leur vigilance, des cruautés qu'ils avoient exercées ; on a vû des hommes généreux tromper toutes les précautions poſſibles, & aſſurer par la mort des tyrans, le ſalut & la liberté de leur patrie *.

* J'ai crû devoir rectifier ici la penſée de M. S. qui nomme hardiment & conſéquemment aux préjugés de ſa nation, vertu, courage, héroïſme le meurtre d'un Tyran en général. Car ſi ce Tyran eſt Roi par ſa náiſſance ou par le choix libre des peuples, il eſt de principe parmi nous que ſe portât-t'il aux plus étranges excès, c'eſt toujours un crime horrible que d'attenter à ſa vie. La Sorbonne l'a décidé en 1626. Les premiers fidelles n'ont pas cru qu'il leur fût permis de conſpirer contre leurs perſécuteurs, Neron, Dece, Dioclétien, &c. & Saint Paul a dit expreſſément, *Obedite præpoſitis veſtris etiam diſcolis, & ſubjacete eis.*

Enfin on peut dire que les affections
font dans la conftitution animale, ce que
font les cordes fur un inftrument de mufique. Les cordes ont beau garder entr'elles les proportions requifes, fi la
tenfion eft trop grande, l'inftrument eft
mal monté, & fon harmonie eft éteinte.
Mais fi tandis que les unes font au ton qui
convient, les autres ne font pas montées
en proportion; la Lyre ou le Luth eft
mal accordé, & l'on n'exécutera rien qui
vaille. Les différens fyftêmes de créatures, répondent aux différentes efpéces
d'inftrumens; & dans le même genre
d'inftrumens, ainfi que dans le même
fyftême de Créatures, tous ne font pas
égaux, & ne portent pas les mêmes
cordes. La tenfion qui convient à l'un
briferoit les cordes de l'autre, & peut-
être l'inftrument même. Le ton qui fait
fortir toute l'harmonie de celui-ci, rend

fourd ou fait crier celui-là. Entre les hommes, ceux qui ont le fentiment vif & délicat, ou que les plaifirs & les peines affectent aifément, doivent pour le maintien de cette balance intérieure fans laquelle la créature mal difpofée à remplir fes fonctions troubleroit le concert de la fociété, poffèder les autres affections, telles que la douceur, la commifération, la tendreffe & l'affabilité, dans un degré fort élevé. Ceux au contraire qui font froids, & dont le tempérament eft placé fur un ton plus bas, n'ont pas befoin d'un accompagnement fi marqué. Auffi la nature ne les a-t-elle pas deftinés, ou à reffentir ou à exprimer les mouvemens tendres & paffionnés, au même point que les précédens *.

* Nous reffemblons à de vrais Inftrumens dont les paffions font les cordes. Dans le fou, elles font trop hautes, l'inftrument crie; elles

Il feroit curieux de parcourir les différens tons des paſſions, les modes divers
des affections & toutes ces meſures de
ſentimens qui différencient les caractères
entre eux. Point de ſujet ſuſceptible de
tant de charmes & de tant de difformités.
Toutes les créatures qui nous environnent, conſervent ſans altération l'ordre

ſont trop baſſes dans le ſtupide, l'inſtrument
eſt ſourd. Un homme ſans paſſions eſt donc
un inſtrument dont on a coupé les cordes ou
qui n'en eut jamais. C'eſt ce qu'on a déja
dit. Mais il y a plus. Si quand un inſtrument
eſt d'accord vous en pincez une corde, le ſon
qu'elle rend occaſionne des frémiſſemens &
dans les inſtrumens voiſins, ſi leurs cordes ont
une tenſion proportionnellement harmonique
avec la corde pincée ; & dans ſes voiſines ſur
le même inſtrument, ſi elles gardent avec elle
la même proportion. Image parfaite de l'affi-
nité, des rapports & de la conſpiration mutuelle de certaines affections dans le même caractère, & des impreſſions gracieuſes & du doux
frémiſſement que les belles actions excitent
dans les autres, ſurtout lorſqu'ils ſont vertueux.
Cette comparaiſon pourroit-être pouſſée bien
loin ; car le ſon excité eſt toujours analogue à
celui qui l'excite.

& la régularité requifes dans leurs affections. Jamais d'indolence dans les fervices qu'elles doivent à leurs petits & à
leurs femblables. Lorfque notre voifi-
nage ne les a point dépravés, la profti-
tution, l'intempérance & les autres excès leur font généralement inconnus. Ces
petites créatures qui vivent comme en
République, les abeilles & les fourmis
fuivent dans toute la durée de leur vie,
les mêmes loix, s'affujétiffent au même
gouvernement, & montrent dans leur
conduite toujours la même harmonie.
Ces affections qui les encouragent au
bien de leur efpéce, ne fe dépravent,
ne s'affoibliffent, ne s'anéantiffent jamais
en elles. Avec les fecours de la Religion & fous l'autorité des loix, l'homme vit d'une façon moins conforme à fa
nature que ne font ces Infectes. Ces loix
dont le but eft de l'affermir dans la prati-

que de la justice , sont souvent pour lui des sujets de révolte ; & cette Religion qui tend à le sanctifier, le rend quelquefois la plus barbare des Créatures. On propose des questions ; on se chicane sur des mots ; on forme des distinctions ; on passe aux dénominations odieuses ; on proscrit de pures opinions sous des peines séveres. De - là naissent les antipathies, les haines & les séditions. On en vient aux mains , & l'on voit à la fin la moitié de l'espéce se baigner dans le sang de l'autre moitié *. J'oserois assurer, qu'il est presque impossible de trouver sur la terre une société d'hommes qui se

---

* Les Arabes pour décider plus souverainement que dans les Ecoles , si les attributs de Dieu étoient ou réellement ou virtuellement distingués , se sont livré des batailles sanglantes. † Celles dont l'Angleterre a été quelquefois déchirée , n'avoient gueres de fondement plus solide.

† *Herbelot Bibl. Orient.*

gouvernent par des principes humains *.

* Qui prendra la peine de lire avec soin l'Hiftoire du Genre-humain , & d'examiner d'un œil indifférent la conduite des Peuples de la terre , fe convaincra lui-même qu'excepté les devoirs qui font abfolument néceffaires à la confervation de la Société humaine (qui ne font même que trop fouvent violés par des fociétés entieres à l'égard des autres fociétés) on ne fçauroit nommer aucun principe de Morale ni imaginer aucune régle de Vertu qui dans quelque endroit du monde ne foit méprifée ou contredite par la pratique générale de quelques Sociétés entiéres qui font gouvernées par des maximes & dirigées par des régles tout-à-fait oppofées à celles de quelqu'autre Société. Des Nations entieres & même des plus policées ont cru qu'il leur étoit auffi permis d'expofer leurs enfans & de les laiffer mourir de faim , que de les mettre au monde. Il y a des contrées à-prefent où l'on enfévelit les Enfans tout vifs , avec leurs Meres , s'il arrive qu'elles meurent dans leurs couches. On les tue , fi un Aftrologue affure qu'ils font nés fous une mauvaife étoile. Ailleurs , un Enfant tue , ou expofe fon Pere & fa Mere , lorfqu'ils font parvenus à un certain âge. Dans un canton de l'Afie , dès qu'on défefpere de la fanté d'un malade , on le met dans une foffe creufée en terre , & là expofé au vent & aux injures de l'air , on le laiffe périr impitoyablement. Il eft ordinaire parmi les Mingreliens qui font profeffion de Chriftianifme , d'enfévelir leurs enfans tous vifs. Les Caribes les

Est-il surprenant, après cela, qu'on ait peine à trouver dans ces sociétés un homme qui soit vraiment homme, & qui vive conformément à sa nature.

Mais après avoir expliqué ce que j'entens par des passions trop foibles ou trop fortes, & démontré que, quoique les unes & les autres passent quelquefois pour des vertus, ce sont, à proprement parler, des imperfections & des vices ; je viens à ce qui constitue la malice d'une maniere plus évidente & plus avouée, & je réduis la chose à trois cas.

mutilent, les engraissent & les mangent. Garcilasso de la Vega, rapporte que certains Peuples du Perou font des concubines de leurs prisonnieres, nourrissent délicieusement les Enfans qu'ils en ont, & s'en repaissent ainsi que de la Mere, lorsqu'elle devient stérile. Les Usages, les Religions, & les Gouvernemens divers qui partagent l'Europe, nous fourniroient une multitude d'actions moins barbares en apparence, mais aussi déraisonnables au fond & peut-être plus dangereuses dans les conséquences.

I. Ou les affections sociales sont foibles & défectueuses.

II. Ou les affections privées sont trop fortes.

III. Ou les affections ne tendent ni au bien particulier de la Créature, ni à l'intérêt général de son espéce.

Cette énumération est complette, & la Créature ne peut être dépravée, sans être comprise dans l'un ou l'autre de ces états, ou dans tous à la fois. Si je prouve donc que ces trois états sont contraires à ses vrais intérêts, il s'enfuivra que la vertu seule peut faire son bonheur, puisqu'elle seule suppose entre les affections tant sociales que privées une juste balance, une sage & paisible œconomie.

Au reste, lorsque nous assurons que l'œconomie des affections sociales fait le bonheur temporel ; c'est autant que la Créature peut être heureuse dans ce monde. Nous ne prétendons rien prouver de contraire à l'expérience : or elle ne nous apprend que trop bien que les orages paſſagers qui troublent l'homme le plus heureux, ſont pour le moins auſſi fréquens que les fautes légéres qui échappent à l'homme le plus juſte. Ajoutez à cela ces élans continuels vers l'Eternité, ces mouvemens d'une ame qui ſent le vuide de ſon état actuel, mouvemens d'autant plus vifs que la ferveur eſt grande. D'où l'on peut conclure ſans aller plus loin, que s'il eſt vrai qu'il y ait du bonheur attaché à la pratique des Vertus, comme nous le démontrerons, il ne l'eſt pas moins que la Créature ne peut jouir d'une félicité proportionnée à ſes deſirs, d'un bonheur qui la rempliſſe, d'un repos immuable, que dans le ſein de la Divinité.

Voici donc ce qui nous reſte à prouver,

I.

Que le principal moyen d'être bien avec foi & par conféquent d'être heureux, c'eft d'avoir les affections fociales entieres & énergiques ; & que manquer de ces affections, ou les avoir défectueufes c'eft être malheureux.

II.

Que c'eft un malheur que d'avoir les affections privées trop énergiques , & par conféquent au-deffus de la fubordination que les affections fociales doivent leur imprimer.

III.

Enfin que d'être pourvû d'affections dénaturées , ou de ces penchans qui ne tendent ni au bien particulier de la Créature ni à l'intérêt général de fon efpéce, c'eft le comble de la mifere.

PARTIE SECONDE.

Section Premiere.

POur démontrer que le principal moyen d'être heureux c'eſt d'avoir les affections ſociales, & que manquer de ces penchans, c'eſt être malheureux ; je demande en quoi conſiſtent ces plaiſirs & ces ſatisfactions qui font le bonheur de la Créature. On les diſtingue communément en plaiſirs du corps, & en ſatisfactions de l'eſprit.

On ne diſconvient pas que les ſatisfactions de l'eſprit ne ſoient préférables aux plaiſirs du corps. En tout cas, voici comment on pourroit le prouver. Toutes les fois que l'eſprit a conçu une haute opinion du mérite d'une action, qu'il eſt vivement frappé de ſon héroïſme, & que cet objet a fait toute ſon impreſfion, il n'y a ni terreurs ni promeffes, ni peines ni plaifirs du corps, capables d'arrêter la Créature. On voit des Indiens, des Barbares, des malfaiteurs & quelquefois les derniers des humains, s'expofer pour l'intérêt d'une troupe, par reconnoiffance, par animofité, par des principes d'honneur ou de galanterie à des travaux incroyables, & défier la mort même. Tandis que le moindre nuage d'efprit, le plus léger chagrin, un petit contretems, empoifonnent & anéantiffent les plaifirs du corps ; & cela, lorfque placé d'ailleurs dans les circonftances les plus avantageufes, au centre de tout ce qui pouvoit exciter & entretenir l'enchantement des fens, on étoit fur le point de s'y abandonner. C'eft en vain qu'on effayeroit de les rappeller : tant que l'efprit fera dans la même affiette, les efforts, ou feront inutiles, ou ne produiront qu'impatience & dégout.

Mais si les satisfactions de l'esprit sont supérieures aux plaisirs du corps, comme on n'en peut douter ; il suit de-là , que tout ce qui peut occasionner dans un Etre intelligent une succession constante de plaisirs intellectuels , importe plus à son bonheur que ce que lui offriroit une pareille chaîne de plaisirs corporels.

Or les satisfactions intellectuelles consistent ou dans l'exercice même des affections sociales , ou découlent de cet exercice en qualité d'effets.

Donc , l'œconomie des affections sociales étant la source des plaisirs intellectuels , ces affections sociales seront seules capables de procurer à la Créature un bonheur constant & réel.

Pour développer maintenant comment les affections sociales font par elles-mêmes les plaisirs les plus vifs de la Créature, (travail superflu pour celui qui a

éprouvé

éprouvé la condition de l'esprit sous l'empire de l'amitié, de la reconnoiſſance, de la bonté, de la commiſération, de la généroſité, & des autres affections sociales). Celui qui a quelques ſentimens naturels, n'ignore point la douceur de ces penchans généreux; mais la différence que nous trouvons, tous tant que nous ſommes, entre la ſolitude & la compagnie ; entre la compagnie d'un indifférent & celle d'un ami ; la liaiſon de preſque tous nos plaiſirs avec le commerce de nos ſemblables & l'influence qu'une ſociété préſente ou imaginaire exerce ſur eux, décident la queſtion.

Sans en croire le ſentiment intérieur, la ſupériorité des plaiſirs qui naiſſent des affections ſociales ſur ceux qui viennent des ſenſations, ſe reconnoît encore à des ſignes extérieurs, & ſe maniſeſte au dehors par des ſymptômes merveilleux. On la lit fur les vifages : elle s'y peint en des caractères indicatifs d'une joie plus vive , plus complette, plus abondante , que celle qui accompagne le foulagement de la faim, de la foif & des plus preffans appétits. Mais l'afcendant actuel de cette efpece d'affection fur les autres, ne permet pas de douter de leur énergie. Lorfque les affections fociales fe font entendre , leur voix fufpend tout autre fentiment, & le refte des penchans garde le filence. L'enchantement des fens n'a rien de comparable : quiconque éprouvera fucceffivement l'une & l'autre volupté, donnera fans balancer la préférence à la premiére. Mais pour prononcer avec équité , il faut les avoir éprouvées dans toute leur *intenfité*. L'honnête homme peut connoître toute la vivacité des plaifirs fenfuels : l'ufage modéré qu'il en fait, répond de la fenfibilité de

ſes organes & de la délicateſſe de ſon
goût : mais le méchant, étranger par ſon
état aux affections ſociales, eſt abſolument incapable de juger des plaiſirs
qu'elles cauſent.

Objecter que ces affections ne déterminent pas toujours la Créature qui les
poſſéde ; c'eſt ne rien dire. Car ſi la Créature ne les reſſent pas dans leur énergie
naturelle, c'eſt comme ſi elle en étoit
actuellement privée, & qu'elle l'eût
toujours été. Mais en attendant la dé-
monſtration de cette propoſition, nous
remarquerons que moins une Créature
aura d'affection ſociale ; plus il ſera
ſurprenant qu'elle prédomine : toutefois
ce prodige n'eſt pas inoui. Or ſi l'affection ſociale, telle quelle, a pû dans une
occaſion ſurmonter la ſcéléráteſſe, il reſte
inconteſtable que fortifiée par un exercice aſſidu, elle auroit toujours prévalu.

Telle eſt la puiſſance & le charme de l'affeċtion ſociale, qu'elle arrache la Créature à tout autre plaiſir. Lorſqu'il eſt queſtion des intérêts du ſang & dans cent autres occaſions, cette paſſion maîtriſe ſouverainement, & ſa préſence triomphe preſque ſans effort des tentations les plus ſéduiſantes.

Ceux qui ont fait quelque progrès dans les Sciences, & à qui les premiers principes des Mathématiques ne ſont pas inconnus, aſſurent que l'eſprit trouve dans ces vérités, quoique purement ſpéculatives, une ſorte de volupté ſupérieure à celle des ſens : Or on a beau creuſer la Nature de ce plaiſir de contemplation, on n'y découvre pas le moindre rapport avec les intérêts particuliers de la Créature. Le bien de ſon ſyſtême individuel eſt ici pour zéro. L'admiration & la joie qu'elle reſſent, tombent ſur des choſes

extérieures & étrangéres au Mathémati-
cien : & quoique le sentiment des premiers plaisirs qu'il éprouve & qui lui
rendent habituelle l'étude de ces Sciences abstraites & pénibles , puisse devenir
en lui une raison d'intérêt ; ces premiéres voluptés, ces satisfactions originelles
qui l'ont déterminé à ce genre d'occupation , ne peuvent avoir d'autre cause
que l'amour de la vérité , la beauté de
l'ordre & le charme des proportions ; &
cette passion considérée dans ce point de
vûe est du genre des affections naturelles. Car puisque son objet n'est point
dans l'étendue du systême individuel de
la Créature, il faut ou la traiter d'inutile,
de superflue , & conséquemment d'inclination dénaturée ; ou , la prenant pour
ce qu'elle est , l'approuver comme une
délectation raisonnable , engendrée par
la contemplation des nombres , de l'har-

monie , des proportions & des accords qui font obfervés dans la conftitution des Etres, qui fixent l'ordre des chofes & qui foutiennent l'Univers.

Or fi ce plaifir de contemplation eft fi grand que les voluptés corporelles n'ont rien qui l'égale, quel fera donc celui qui naît de l'exercice de la Vertu, qui fuit une action héroïque? Car c'eft alors que pour combler le bonheur de la Créature, une flatteufe approbation de l'efprit fe réunit à des mouvemens du cœur délicieux & prefque divins. En effet, quel plus beau fujet de réflexion dans l'Univers, quelle plus raviffante matiére à contempler qu'une grande, noble & vertueufe action? Eft-il quelque chofe dont la connoiffance intérieure & la mémoire puiffent caufer une fatisfaction plus pure , plus douce , plus complette & plus durable.

Dans cette paſſion qui rapproche les ſexes, ſi la tendreſſe du cœur ſe mêle à l'ardeur des ſens, ſi l'amour de la perſonne accompagne celui du plaiſir ; quel ſurcroît de délectation ! auſſi quelle différence d'énergie entre le ſentiment & l'appétit ? Le premier a fait entreprendre des travaux incroyables & braver la mort même, ſans autre intérêt que celui de l'objet aimé, ſans aucune vûe de récompenſe : car où ſeroit le fondement de cet eſpoir ? En ce monde ? la mort finit tout. Dans l'autre vie ? je ne connois point de Légiſlateur qui ait ouvert le Ciel aux héros amoureux, & deſtiné des récompenſes à leurs glorieux travaux.

Les ſatisfactions intellectuelles qui naiſſent des affections ſociales, ſont donc ſupérieures aux plaiſirs corporels. Mais ce n'eſt pas tout, elles ſont encore indépendantes de la santé, de l'aisance ; de la gayeté & de tous les avantages de la fortune & de la prospérité. Si dans les périls, les craintes, les chagrins, les pertes & les infirmités, on conserve les affections sociales, le bonheur est en sûreté. Les coups qui frappent la Vertu, ne détruisent point le contentement qui l'accompagne. Je dis plus. C'est une beauté qui a quelque chose de plus doux & de plus touchant dans la tristesse & dans les larmes qu'au milieu des plaisirs. Sa mélancolie a des charmes particuliers : ce n'est que dans l'adversité qu'elle s'abandonne à ces épanchemens si tendres & si consolans. Si l'adversité n'empoisonne point ses douceurs, elle semble accroître sa force & relever son éclat. La Vertu ne paroît avec toute sa splendeur que dans la tempête & sous le nuage. Les affections sociales ne montrent toute leur valeur que dans les grandes afflictions. Si ce genre de passions est adroitement remué, comme il arrive à la représentation d'une bonne Tragédie, il n'y a aucun plaisir à égalité de durée, qu'on puisse comparer à ce plaisir d'illusion. Celui qui sçait nous intéresser au destin du Mérite & de la Vertu, nous attendrir sur le sort des bons, & soulever en leur faveur tout ce que nous avons d'humanité; celui-là, dis-je, nous jette dans un ravissement, & nous procure une satisfaction d'esprit & de cœur supérieure à tout ce que les sens ou les appétits causent de plaisirs. Nous conclurons de-là que l'exercice actuel des affections sociales est une source des voluptés intellectuelles.

Démontrons à présent qu'elles dérivent encore de cet exercice, en qualité d'effets.

Nous remarquerons d'abord que le but des affections fociales relativement à l'efprit, c'eft de communiquer aux autres les plaifirs qu'on reffent, de partager ceux dont ils jouiffent, & de se flatter de leur eftime & de leur approbation.

La fatisfaction de communiquer ses plaifirs, ne peut être ignorée que d'une Créature affligée d'une dépravation originelle & totale. Je paffe donc à la fatisfaction de partager le bonheur des autres & de le reffentir avec eux ; à ces plaifirs que nous recueillons de la félicité des Créatures qui nous environnent, foit par les récits que nous en entendons, foit par l'air, les geftes, & les fons qui nous en inftruifent ; ces Créatures, fuffent-elles d'une efpéce différente, pourvû que les fignes caractériftiques de leur joie foient à notre portée. Les plaifirs de participation font fi fréquents & fi doux, qu'en parcourant de bonne foi tous les quarts-d'heures amufans de la vie, on conviendra que ces plaifirs en ont rempli la plus grande & la plus délicieufe partie.

Quant au témoignage qu'on fe rend à foi-même, de mériter l'eftime & l'amitié de fes femblables ; rien ne contribue davantage à la fatisfaction de l'efprit & au bonheur de ceux même à qui l'on donne le nom de voluptueux, dans la fignification la plus vile. Les Créatures qui fe piquent le moins de bien mériter de leur efpéce, font parade dans l'occafion d'un caractère droit & moral. Elles fe complaifent dans l'idée de valoir quelque chofe. Idée chimérique à la vérité, mais qui les flatte, & qu'elles s'efforcent d'étayer en elles-mêmes, en fe dérobant à la faveur de quelques fervices rendus à un ou deux amis, une conduite pleine d'indignités.

Quel Brigand, quel Voleur de grands chemins, quel infracteur déclaré des loix de la société n'a pas un compagnon, une société de gens de son espéce, une troupe de scélérats comme lui dont les succès le réjouissent, à qui il fait part de ses prospérités; qu'il traite d'amis, & dont il épouse les intérêts comme les siens propres? Quel homme au monde est insensible aux caresses & à la louange de ses connoissances intimes? Toutes nos actions n'ont-elles pas quelque rapport à ce tribut? Les applaudissemens de l'amitié n'influent-ils pas sur toute notre conduite? n'en sommes-nous pas même jaloux pour nos vices? n'entrent-ils pour rien dans la perspective de l'ambition, dans les fanfaronades de la vanité, dans les profusions de la somptuosité, & même dans les excès de l'amour deshonnête? En un mot, si les plaisirs se cal-

culoient, comme beaucoup d'autres chofes, on pourroit affurer que ces deux
fources, la participation au bonheur des
autres, & le défir de leur eftime, four-
niffent au moins neuf dixiémes de tout
ce que nous en goutons dans la vie. De
forte que de la fomme entiére de nos
joies, il en refteroit à peine un dixiéme
qui ne découlât point de l'affection fociale & qui ne dépendît pas immédiatement de nos inclinations naturelles.

Mais de peur qu'on n'attende de quelque portion d'inclination naturelle l'entier & plein effet d'une affection fincère,
complette & vraiment morale; de peur
qu'on ne s'imagine qu'une dofe légére
d'affection fociale eft capable de procurer tous les avantages de la fociété, &
d'initier profondément à la participation
au bonheur des autres: nous obferverons
que tout penchant tronqué, que toute

inclination rétrécie , se bornant sans sujet à quelque partie d'un tout qui doit intéresser , sera sans fondement réel & solide. L'amour de ses semblables , ainsi que tout autre penchant dont le bien privé de la Créature n'est pas l'objet immédiat , peut être naturel ou dénaturé : s'il est dénaturé , il ne manquera pas de croiser les vrais intérêts de la société , & conséquemment d'anéantir les plaisirs qu'on en peut attendre : s'il est naturel , mais concentré ; il se changera en une passion singuliere , bizarre , capricieuse & qui n'est d'aucun prix. La Créature qu'il anime n'en a ni plus de Vertu ni plus de Mérite. Ceux pour qui ce vent souffle , n'ont aucun gage de sa durée : il s'est élevé sans raison ; il peut changer ou cesser de même. La vicissitude continuelle de ces penchans que le caprice fait éclorre & qui entraînent l'ame

de l'amour à l'indifférence & de l'indifférence à l'averſion, doit la tenir dans des
troubles interminables, la priver peu à
peu du ſentiment des plaiſirs de l'amitié,
& la conduire enfin à une haine parfaite
du genre-humain. Au contraire l'affection entiere (d'où l'on a fait le nom d'*intégrité*), comme elle eſt complette en
elle-même, réfléchie dans ſon objet &
pouſſée à ſa juſte étendue, eſt conſtante,
ſolide & durable. Dans ce cas le témoignage que la Créature ſe rend à
elle-même, d'une diſpoſition équitable
pour les hommes en général, juſtifie
ſes inclinations particulieres, & ne la
rend que plus propre à la participation
des plaiſirs d'autrui. Mais dans le cas
d'une affection mutilée ; ce penchant
ſans ordre, ſans fondement raiſonnable
& ſans loi, perd ſans ceſſe à la réflexion ;
la conſcience le déſapprouve & le bonheur s'évanouit.

Si l'affection partielle ruine la jouiſſance des plaiſirs de ſympathie & de
participation ; ce n'eſt pas tout. Elle
tarit encore la troiſiéme ſource des ſatisfactions intellectuelles ; je veux dire,
le témoignage qu'on ſe rend à ſoi-même
de bien mériter de tous ſes ſemblables.
Car d'où naîtroit ce ſentiment préſomp-
tueux ? Quel mérite ſolide peut-on ſe
reconnoître ? quel droit a-t'on ſur l'eſtime des autres, quand l'affection qu'on
a pour eux eſt ſi mal fondée ? Quelle
confiance exiger, lorſque l'inclination
eſt ſi capricieuſe ? Qui comptera ſur
une tendreſſe qui péche par la baſe,
qui manque de principes ? Sur une amitié que la même fantaiſie qui l'a bornée
à quelques perſonnes, à une petite
partie du genre-humain, peut reſſerrer
encore & exclure celui qui en jouit actuellement ., comme elle en a privé
une

une infinité d'autres qui méritoient de la partager.

D'ailleurs on ne doit point espérer que ceux dont la Vertu ne dirige ni l'estime ni l'affection, ayent le bonheur de placer l'une & l'autre en des sujets qui les méritent. Ils auroient peine à trouver dans la multitude de ces amis de cœur dont ils se vantent, un seul homme dont ils prisassent les sentimens, dont ils chérissent la confiance, sur la tendresse duquel ils osassent jurer, & en qui ils pussent se complaire sincérement. Car on a beau repousser les soupçons & se flatter de l'attachement de gens incapables d'en former; l'illusion qu'on se fait, ne peut fournir que des plaisirs aussi frivoles qu'elle : quel est donc dans la Société le désavantage de ces gens à passions mutilées ? La seconde source des plaisirs intellectuels ne fournit presque rien pour eux.

L'affection entiére jouit de toutes les prérogatives dont l'inclination partielle est privée : elle est constante, uniforme, toujours satisfaite d'elle-même ; & toujours agréable & satisfaisante. La bienveillance & les applaudissemens des bons lui sont tout acquis ; & dans les cas désintéressés, elle obtiendra le même tribut des méchans. C'est d'elle que nous dirons avec vérité que la satisfaction intérieure de mériter l'amour & l'approbation de toute Société, de toute Créature intelligente & du principe éternel de toute Intelligence , ne l'abandonne jamais. Or ce principe une fois admis, le Théisme adopté ; les plaisirs qui naîtront de l'affection héroïque dont Dieu sera l'objet final, partageront son excellence & seront grands, nobles & parfaits comme lui. Avoir les affections sociales entiéres, ou l'intégrité de cœur & d'esprit, c'est suivre pas à pas la Nature; c'est imiter, c'est repréfenter l'Etre suprême, fous une forme humaine; & c'est en cela que confifte la Juftice, la Piété, la Morale, & toute la Religion naturelle.

Mais de peur qu'on ne relegue dans l'Ecole ce raifonnement hériffé de phrafes & de termes de l'art, & qu'une partie de cet Effai ne demeure fans fondement & fans fruit pour les gens du monde; effayons de démontrer les mêmes vérités d'une façon plus familiére.

Si l'on examine un peu la Nature des plaifirs; foit qu'on les obferve dans la retraite, dans l'étude, & dans la contemplation; foit qu'on les confidere dans les réjouiffances publiques, dans les parties amufantes, & d'autres divertiffemens femblables, on conviendra qu'ils fuppofent effentiellement un tempéra-ment libre d'inquiétude, d'aigreur & de dégoût ; & un efprit tranquille, fa-tisfait de lui-même, & capable d'en-vifager fa condition propre fans chagrin. Mais cette difpofition de tempérament & d'efprit, fi néceffaire à la jouiffance des plaifirs eft une fuite de l'œconomie des affections.

Quant au tempérament, nous fçavons par expérience qu'il n'y a point de for-tune fi brillante, de profpérité fi fuivie, d'état fi parfait que l'inclination & les défirs ne puiffent corrompre & dont l'humeur & les caprices n'épuiffaffent bientôt les reffources & ne reffentiffent l'infuffifance. Les appétits défordonnés fément la vie d'épines. Les paffions ef-frénées font troublées dans leur cours par une infinité d'obftacles, quelquefois impoſſibles , mais toujours pénibles à ſurmonter. Les chagrins naiſſent ſous les pas de qui vit au hazard ; il en trouve, au-dedans , au-dehors , par-tout. Le cœur de certaines Créatures reſſemble à ces enfans mauſſades & maladifs : ils demandent ſans ceſſe , & on a beau leur donner tout ce qu'ils demandent, ils ne finiſſent point de crier. C'eſt un fond inépuiſable de peines & de troubles, qu'un deſſein pris de ſatisfaire à toutes les fantaiſies qu'il produit. Mais ſans ces inconvéniens qui ne ſont pas généraux ; les laſſitudes , la méſaiſance , l'embarras des filtrations , l'engorgement des liqueurs , le dérangement des eſprits animaux & toutes ces incommodités accidentelles dont les corps les mieux conſtitués ne ſont pas exempts, ne ſuffiſent-elles pas pour engendrer la mauvaiſe humeur & le dégoût ? Et ces vices ne deviendront-ils pas habituels , si l'on n'écarte leur influence , ou si l'on n'arrête leur progrès dans le tempérament. Or l'exercice des affections sociales , est l'émétique du dégoût ; c'est le seul contre-poison de la mauvaise humeur. Car nous avons remarqué que , lorsque la Créature prend son parti & se résout à guérir de ces maladies de tempérament, elle a recours aux plaisirs de la Société ; elle se prête au commerce de ses semblables & ne trouve de soulagement à sa tristesse & à ses aigreurs , que dans les distractions & les amusemens de la compagnie.

Dans ces dispositions fâcheuses , dira-t'on peut-être , la Religion est d'un puissant secours. Sans doute ; mais quelle espece de Religion ? Si sa nature est consolante & bénigne ; si la dévotion qu'elle inspire est douce , tranquille & gaie ;

c'eſt une affection naturelle , qui ne peut être que ſalutaire : mais les Miniſtres en l'altérant , la rendent-ils ſombre & farouche : les craintes & l'effroi l'accompagnent-ils ; combat-elle la fermeté , le courage & la liberté de l'eſprit , c'eſt entre leurs mains un dangereux topique , & l'on remarque à la longue que ce précieux reméde mal-à-propos adminiſtré eſt pire que le mal. La conſidération effrayante de l'étendue de nos devoirs , un examen auſtere des mortifications qui nous ſont preſcrites & la vûe des gouffres ouverts pour les infracteurs de la Loi ne ſont pas toujours & en tout tems ni pour toutes ſortes de perſonnes indiſtinctement des objets propres à calmer les agitations de l'eſprit *. Le tempérament ne peut qu'em-

* Toute cette Doctrine répond exactement à la conduite de nos Directeurs éclairés qui

N iiij

pirer, & ſes aigreurs fermenter & s'accroître par la noirceur de ces réflexions.
Si par avis, par crainte ou par beſoin,
la victime de ces idées mélancholiques
cherche quelque diverſion à leur ob-
ſeſſion ; ſi elle affecte le repos & la
joye : qu'importe au fond ? Tant qu'elle
ne ſe déſiſtera point de ſa pratique ; ſon
cœur ſera toujours le même : elle n'aura
que changé de grimace. Le Tigre eſt
enchaîné pour un moment, ſes actions
ne décelent pas actuellement ſa férocité ;
mais en eſt-il plus ſoûmis ? Si vous briſez
ſa chaîne en ſera-t'il moins cruel ? Non,
certes. Qu'a donc opéré la Religion ſi

ſçavent parfaitement, ſelon les tempéramens &
les diſpoſitions diverſes des fidéles leur pré-
ſenter un Dieu vengeur ou miſéricordieux.
Faut-il effrayer un Scélérat ? ils ouvrent ſous
ſes pieds les gouffres infernaux : Eſt-il queſtion
de raſſurer une ame timorée ? c'eſt un Dieu
mourant pour ſon ſalut, qu'ils expoſent à ſes
yeux. Une conduite oppoſée achemineroit l'un
à l'impénitence, & l'autre à la folie.

mal-adroitement préfentée ? La Créature a le même fond de trifteffe : fes aigreurs n'en font que plus abondantes & plus importunes , & fes plaifirs intellectuels que plus languiffans & plus rares. Le Chien eft donc revenu à fon vomiffement ; mais plus maladif & plus dépravé.

Si l'on objecte qu'à la vérité dans des conjonctures défefpérantes , dans un délabrement d'affaires domefliques , dans un cours inaltérable d'adverfités , les chagrins & la mauvaife humeur peuvent faifir & troubler le tempérament ; mais que ce défaftre n'eft pas à craindre dans l'aifance & la profpérité , & que les commodités journalieres de la vie & les faveurs habituelles de la fortune, font une barriere affez puiffante contre les attaques que le tempérament peut avoir à foutenir. Nous répondrons que plus la condition d'une Créature eft gracieufe , tranquille & douce ; plus les moindres contre-tems , les accidens les plus légers , & les plus frivoles chagrins font impatientans , défagréables & cuifans pour elle : que plus elle eft indépendante & libre ; plus il eft aifé de la mécontenter , de l'offenfer & de l'irriter , & que par conféquent plus elle a befoin du fecours des affections fociales pour fe garantir de la férocité. C'eft ce que l'exemple des tyrans dont le pouvoir fondé fur le crime ne fe foutient que par la terreur , prouve fuffifamment.

Quant à la tranquillité d'efprit. Voici comment on peut fe convaincre qu'il n'y a que les affections fociales qui puiffent procurer ce bonheur. On conviendra , fans doute , qu'une Créature telle que l'Homme , qui ne parvient que par un affez long exercice , à la maturité d'entendement & de raifon , a appuyé ou appuye actuellement fur ce qui fe paffe au-dedans d'elle-même, connoît fon caractère, n'ignore point fes fentimens habituels, approuve ou défapprouve fa conduite, & a *jugé* fes affections. On fçait encore que, fi par elle-même elle étoit incapable de cette recherche critique, on ne manque pas dans la Société de gens charitables, tout prêts à l'aider de leurs lumiéres ; que les faifeurs de remontrances & les donneurs d'avis ne font pas rares, & qu'on en trouve autant & plus qu'on n'en veut. D'ailleurs les Maîtres du Monde & les Mignons de la Fortune ne font pas exempts de cette infpection domeftique. Toutes les impoftures de la flatterie fe réduifent la plûpart du tems à leur en familiarifer l'ufage, & fes faux portraits à les rappeller à ce qu'ils font en effet. Ajoutez à cela que plus on a de vanité & moins on fe perd de vûe :

l'amour-propre est grand contemplateur de lui-même : mais quand une indifférence parfaite sur ce qu'on peut valoir, rendroit paresseux à s'examiner ; les feints égards pour autrui & les désirs inquiets & jaloux de réputation exposeroient encore assez souvent notre conduite & notre caractère à nos réflexions. D'une ou d'autre façon, toute Créature qui pense, est nécessitée par sa nature à souffrir la vûe d'elle-même & à avoir à chaque instant sous ses yeux les images errantes de ses actions, de sa conduite & de son caractère : ces objets qui lui sont individuellement attachés, qui la suivent par-tout, doivent passer & repasser sans cesse dans son esprit : or, si rien n'est plus importun, plus fatiguant & plus fâcheux que leur présence à celui qui manque d'affections sociales ; rien n'est plus satisfaisant, plus agréable &

plus doux pour celui qui les a soigneu-
sement conservées.

Deux choses qui doivent horriblement
tourmenter toute Créature raisonnable ;
c'est le sentiment intérieur d'une action
injuste , ou d'une conduite odieuse à ses
semblables ; ou le souvenir d'une action
extravagante , ou d'une conduite préju-
diciable à ses intérêts & à son bonheur.

De ces tourmens , c'est le premier
qu'on appelle proprement en Morale ou
Théologie , Conscience. Craindre un
Dieu , ce n'est pas avoir pour cela de
la Conscience. Pour s'effrayer des ma-
lins esprits , des sortiléges , des enchan-
temens , des possessions , des conjura-
tions & de tous les maux qu'une nature injuste , méchante & diabolique peut
infliger , ce n'est pas en être plus cons-
cientieux. Craindre un Dieu , sans être
ni se sentir coupable de quelqu'action

digne de blâme & de punition ; c'eſt l'accuſer d'injuſtice , de méchanceté , de caprice * & par conſéquent c'eſt

* Cette propoſition ne contredit point l'*omnis homo mendax ;* elle ne ſignifie autre choſe que s'il y avoit quelqu'homme aſſez juſte pour n'a-voir aucun reproche à ſe faire , ſes frayeurs ſe-roient injurieuſes à la Divinité. Quoi qu'il en ſoit , je demanderois volontiers , ſi les iné-galités dans la dévotion peuvent s'accorder avec des notions conſtantes de la Divinité. Si votre Dieu ne change point , pourquoi n'êtes-vous pas ferme dans la même aſſiette d'eſprit ? Je ne ſçais , dites-vous , s'il me pardonnera les fautes paſſées , & j'en fais tous les jours de nouvelles. Etes-vous encore méchant ? j'approuve vos allar-mes & je ſuis étonné qu'elles ne ſoient pas conti-nuelles. Mais n'êtes-vous plus injuſte , menteur, fourbe , avare , médiſant , calomniateur ? Qu'a-vez-vous donc à craindre ? Si quelque ami comblé de vos bienfaits vous avoit offenſé ; la ſincérité de ſon retour vous laiſſeroit-elle des ſentimens de vengeance ? Point du tout. Or , celui que vous adorez eſt-il moins bon que vous ? votre Dieu eſt-il rancunier ? Non… Mais je vois à votre peu de confiance que vous n'avez pas encore une juſte idée de ce qui eſt moralement excellent : vous ne con-noiſſez pas ce qui convient ou ne convient pas à un Etre parfait. Vous lui prêtez des défauts dont l'honnête-homme tâche de ſe défaire & dont il ſe défait effectivement à

craindre un Diable & non pas un Dieu.
La crainte de l'Enfer & toutes les terreurs de l'autre monde ne marquent de
la Conscience , que quand elles sont
occasionnées par un aveu intérieur des
crimes que l'on a commis : mais si la
Créature fait intérieurement cet aveu ;
à l'instant la Conscience agit , elle indique le châtiment ; & la Créature s'en
effraye , quoique la Conscience ne le
lui rende pas évident.

La Conscience religieuse suppose
donc la Conscience naturelle & morale.
La crainte de Dieu accompagne toujours
celle-là ; mais elle tire toute sa force de
la connoissance du mal commis & de l'injure faite à l'Etre suprême , en présence duquel , sans égard pour la véné-

mesure qu'il devient meilleur ; & vous risquez de l'injurier dans l'instant même où vous
avez dessein de lui rendre hommage.

ration que nous lui devons , nous avons
ofé le commettre. Car la honte d'a-
voir failli aux yeux d'un Etre fi refpectable , doit travailler en nous , même en
faifant abftraction des notions particulieres de fa juftice , de fa toute-puiffance , & de la diftribution future des récompenfes & des châtimens.

Nous avons dit qu'aucune Créature
ne fait le mal méchamment & de propos
délibéré , fans s'avouer intérieurement
digne de châtiment ; & nous pouvons
ajouter en ce fens que toute Créature
fenfible a de la Confcience. Ainfi le
méchant doit attendre & craindre de
tous , ce qu'il reconnoît avoir mérité
de chacun en particulier. De la frayeur
de Dieu & des hommes , naîtront donc
les allarmes & les foupçons. Mais le terme de Confcience , emporte quelque
chofe de plus dans toute Créature raifonnable.

fonnable. Il indique une connoiffance de la laideur des actions puniffables & une honte fecrette de les avoir commifes.

Il n'y a peut-être pas une Créature parfaitement infenfible à la honte des crimes qu'elle a commis ; pas une qui fe reconnoiffe intérieurement digne de l'opprobre & de la haine de fes femblables, fans regret & fans émotion * ; pas une qui parcoure fa turpitude d'un œil indifférent. En tout cas , fi ce Monftre exifte ; fans paffion pour le bien & fans averfion pour le mal , il fera d'un côté dénué de toute affection naturelle , & par conféquent dans une indigence parfaite des plaifirs intellectuels. De l'autre,

* Le crime.... eft le premier Bourreau
Qui dans un fein coupable enfonce le Couteau.

Racin. Poem. fur la Relig.

II. Partie.   O

il aura tous les penchans dénaturés dont une Créature peut être infectée. Manquer de Conscience ; ou n'avoir aucun sentiment de la difformité du vice, c'est donc être souverainement misérable. Mais avoir de la Conscience & pécher contr'elle, c'est s'exposer, même ici bas, comme nous l'avons démontré, aux regrets & à des peines continuelles.

Un homme qui dans un premier mouvement, a le malheur de tuer son semblable, revient subitement à la vûe de ce qu'il a fait ; sa haine se change en pitié, & sa fureur se tourne contre lui-même. Tel est le pouvoir de l'objet. Mais il n'est pas au bout de ses peines : il ne retrouve pas sa tranquillité en perdant de vûe le cadavre : il entre ensuite en agonie ; le sang du mort coule derechef à ses yeux. Il est transi d'horreur, & le souvenir cruel de son action,

le poursuit en tout lieu. Mais si l'on
suppofoit que cet Affaffin a vû expirer
fon compagnon fans frémir , & qu'aucun trouble , qu'aucun remord , qu'aucune émotion n'a fuivi le coup ; je dirois , ou qu'il ne refte à ce Scélérat
aucun fentiment de la difformité du crime , qu'il eft fans affection naturelle ;
& par conféquent fans paix au-dedans
de lui-même , & fans félicité : ou que
s'il a quelque notion de beauté morale ,
c'eft un affemblage capricieux d'idées
monftrueufes & contradictoires , un
compofé d'opinions fantafques , une ombre défigurée de la Vertu ; que ce font des
préjugés extravagans qu'il prend pour le
grand , l'héroïque & le beau des fentimens : or que ne fouffre point un homme dans cet état. Le phantôme qu'il
idolâtre , n'a point de forme conftante ;
c'eft un prothée d'honneur qu'il ne fçait

O ij

par où faisir, & dont la pourfuite le jette dans une infinité de perplexités , de travaux & de dangers. Nous avons démontré que la Vertu feule , digne en tout tems de notre eftime & de notre approbation , peut nous procurer des fatisfactions réelles. Nous avons fait voir que celui qui féduit par une Religion abfurde , ou entraîné par la force d'un ufage barbare, a proftitué fon hommage à des Etres qui n'ont de la Vertu que le nom, doit, ou par l'inconftance d'une eftime fi mal placée , ou par les actions horribles qu'il fera forcé de commettre , perdre tout amour de la juftice, & devenir parfaitement miférable; ou, fi la Confcience n'eft pas encore muette , paffer des foupçons aux allarmes , marcher de trouble en trouble , & vivre en défefpéré. Il eft impoffible qu'un Enthoufiafte furieux , un Perfécuteur

plein de rage , un Meurtrier , un Duel-
lifte , un Voleur , un Pirate ou tout
autre ennemi des affections fociales &
du genre-humain , fuive quelques principes conftans , quelques loix invariables
dans la diftribution qu'il fait de fon
eftime & dans le jugement qu'il porte
des actions. Ainfi plus il attife fon zèle ,
plus il eft entêté d'honneur ; plus il dégrade fa nature ; plus fon caractère eft
dépravé. Plus il prend d'eftime & s'ex-
tafie d'admiration pour quelque pratique
vicieufe & déteftable , mais qu'il imagine grande , vertueufe & belle ; plus il
s'engage en contradictions, & plus infup-
portable de jour en jour lui deviendra fon
état. Car il eft certain qu'on ne peut
affoiblir une inclination naturelle ou
fortifier un penchant dénaturé , fans altérer l'œconomie générale des affections.
Mais la dépravation du caractere étant

toujours proportionnelle à la foiblesse
des affections naturelles & à l'*intensité*
des penchans dénaturés ; je conclus que,
plus on aura de faux principes d'honneur & de Religion, plus on sera mé-
content de soi-même & plus par conséquent on sera misérable.

Ainsi toutes notions marquées au
coin de la superstition ; tout caractère
opposé à la justice & tendant à l'inhumanité ; notions chéries, caractère affecté soit par une fausse Conscience,
soit par un point d'honneur mal-enten-
du, ne feront qu'irriter cette autre
Conscience honnête & vraye, qui ne
nous passe rien, aussi prompte à nous
punir de toute action mauvaise, par ses
reproches, qu'à nous récompenser des
actes vertueux, par son approbation &
ses éloges. Si celui qui, sous quelque
autorité que ce soit, commet un seul

crime, étoit excufable de l'avoir commis, il pourroit fe plonger en fûreté de Confcience, dans des abominations telles qu'il ne les imagine peut-être pas fans horreur, toutes les fois qu'il aura les mêmes garans de fon obéiffance. Voilà ce qu'un moment de réflexion ne manquera pas d'apprendre à quiconque entraîné par l'exemple de fes femblables, ou bien effrayé par des ordres fupérieurs, fera tenté de prêter fa main à des actions que fon cœur défapprouvera.

Quant au fouvenir du tort fait aux vrais intérêts & au bonheur préfent par une conduite extravagante & déraifonnable ; c'eft la feconde branche de la Confcience. Le fentiment d'une difformité morale contractée par les crimes & par les injuftices, n'affoiblit, ni ne fufpend l'effet de cette importune réflexion ; car quand le méchant ne rougiroit

O iiij

pas en lui-même de fa dépravation , il n'en reconnoîtroit pas moins , que par elle il a mérité la haine de Dieu & des Hommes. Mais une Créature dépravée n'eût-elle pas le moindre foupçon de l'exiftence d'un Etre fuprême , en confidérant toutefois que l'infenfibilité pour le Vice & pour la Vertu fuppofe un défordre complet dans les affections naturelles , défordre que la diffimulation la plus profonde ne peut dérober ; on conçoit qu'avec ce malheureux caractère, elle n'aura pas grande part dans l'eftime, l'amitié, & la confiance de fes femblables, & que par conféquent elle aura fait un préjudice confidérable à fes intérêts temporels & à fon bonheur actuel. Qu'on ne dife pas que la connoiffance de ce préjudice lui échappera : elle verra tous les jours avec regret & jaloufie les maniéres obligeantes, affectueufes, honorables, dont les honnêtes-gens se comblent réciproquement. Mais puisque par-tout où l'affection sociale est éteinte, il y a nécessairement dépravation ; le trouble & les aigreurs doivent accompagner cette conscience intéressée ou le sentiment intérieur du tort qu'une conduite folle & dépravée a porté aux vrais intérêts & à la félicité temporelle.

Par tout ce que nous avons dit, il est aisé de comprendre combien le bonheur dépend de l'œconomie des affections naturelles. Car si la meilleure partie de la félicité consiste dans les plaisirs intellectuels , & si les plaisirs intellectuels découlent de l'intégrité des affections sociales ; il est évident que quiconque jouit de cette intégrité, possede les sources de la satisfaction intérieure ; satisfaction qui fait tout le bonheur de la vie.

Quant aux plaifirs du corps & des fens , c'eft bien peu de chofe ; c'eft une foible fatisfaction , fi les affections fociales ne la relévent & ne l'animent.

Bien vivre ne fignifie chez certaines gens que bien boire & bien manger. Il me femble que c'eft faire beaucoup d'honneur à ces Meffieurs que de convenir avec eux que vivre ainfi , c'eft fe preffer de vivre ; comme fi c'étoit fe preffer de vivre que de prendre des précautions exactes pour ne jouir prefque point de la vie. Car fi notre calcul eft jufte , cette forte de voluptueux gliffe fur les grands plaifirs avec une rapidité qui leur permet à peine de les effleurer.

Mais quelque piquans que foient les plaifirs de la table ; quelqu'utile que le palais foit au bonheur, & quelque pro-

fonde que soit la science des bons repas ; il est à présumer que je ne sçais
quelle ostentation d'élégance dans la façon d'être servi, & que la gloire d'exceller
dans l'art de bien traiter son monde, font
dans les gens de plaisir la haute idée qu'ils
ont de leurs voluptés : car l'ordonnance
des services , l'assortiment des mets ,
la richesse du buffet , & l'intelligence
du Cuisinier mis à part , le reste ne
vaut presque pas la peine d'entrer en
ligne de compte , de l'aveu même de
ces Epicuriens.

La débauche qui n'est autre chose
qu'un goût trop vif pour les plaisirs des
sens , emporte avec elle idée de société.
Celui qui s'enferme pour s'enyvrer ,
passera pour un sot , mais non pour un
débauché. On traitera ses excès de cra-
pule , mais non de libertinage. Les
femmes débauchées ; je dis plus , les

derniéres des Proſtituées n'ignorent pas combien il importe à leur commerce de perſuader ceux à qui elles livrent ou vendent leurs charmes , que le plaiſir eſt réciproque & qu'elles n'en reçoivent pas moins qu'elles en donnent. Sans cette imagination qui ſoutient , le reſte ſeroit miſérable , même pour les plus groſſiers libertins.

Y a-t'il quelqu'un qui ſeul & ſéparé de tout commerce , puiſſe ſe procurer , concevoir même quelque ſatisfaction durable ? quel eſt le plaiſir des ſens capable de tenir contre les ennuis de la ſolitude ? quelqu'exquis qu'on le ſuppoſe ; y a-t'il homme qui ne s'en dégoûte , s'il ne peut s'en rendre la poſſeſſion agréable en le communiquant à un autre ? qu'on faſſe des ſyſtêmes tant qu'on voudra ? qu'on affecte pour l'approbation de ſes ſemblables , tout le mépris imaginable ? que pour aſſujettir la nature à des principes d'intérêt injurieux & nuiſibles à la Société, on ſe tourmente de toute ſa force : ſes vrais ſentimens éclateront: à travers les chagrins, les troubles, & les dégouts, on dévoilera tôt ou tard les ſuites funeſtes de cette violence, le ridicule d'un pareil projet, & le châtiment qui convient à d'auſſi monſtrueux efforts.

Les plaiſirs des ſens, ainſi que les plaiſirs de l'eſprit, dépendent donc des affections ſociales : où manquent ces inclinations, ils ſont ſans vigueur & ſans force, & quelquefois même ils excitent l'impatience & le dégoût : ces ſenſations ſources fécondes de douceurs & de joye, ſans eux ne rendent qu'aigreurs & que mauvaiſe humeur, & n'apportent que ſatiété & qu'indifférence. L'inconſtance des appétits & la bizarrerie des goûts fi remarquables en tous ceux dont le fentiment n'affaifonne pas les plaifirs, en font des preuves fuffifantes. La communication foutient la gayeté: le partage anime l'amour. La paffion la plus vive ne tarde pas à s'éteindre, fi je ne fçais quoi de réciproque, de généreux & de tendre, ne l'entretient: fans cet affaifonnement la plus raviffante beauté feroit bien-tôt délaiffée. Tout amour qui n'a de fondement que dans la jouiffance de l'objet aimé, fe tourne bientôt en averfion: l'effervefcence des defirs commence, & la fatiété que fuivent les dégoûts, achéve de tourmenter ceux qui fe livrent aux plaifirs avec emportement. Leurs plus grandes douceurs font réfervées pour ceux qui fçavent fe modérer. Toutefois ils font les premiers à convenir du vuide qu'ils y trouvent. Les hommes fobres goutent les plaifirs des fens dans toute leur excellence , & ils font tous d'accord que , fans une forte teinture d'affection fociale , ils ne donnent aucune fatisfaction réelle.

Mais avant que de finir cette Sec-tion , nous allons remettre pour la der-niere fois le penchant focial dans la balance & pefer en gros les avantages de l'intégrité & les fuites fâcheufes du dé-faut de poids dans cette affection.

On eft fuffifamment inftruit des foins néceffaires au bien-être de l'animal , pour fçavoir que fans l'action , fans le mouvement & les exercices , le corps languit & fuccombe fous les humeurs qui l'oppreffent , que les nourritures ne font alors qu'augmenter fon infirmité; que les efprits qui manquent d'occupa-tion au-dehors , fe jettent fur les parties intérieures & les confument; enfin que la Nature devient elle-même fa propre proye & se dévore. La santé de l'ame demande les mêmes attentions : cette partie de nous-mêmes a des exercices qui lui sont propres & néceffaires : fi vous l'en privez , elle s'appéfantit & se détraque. Détournez les affections & les penfées de leurs objets naturels ; elles reviendront sur l'efprit & le rempliront de défordre & de trouble.

Dans les animaux & les autres Créatures à qui la Nature n'a pas accordé la faculté de penfer dans ce degré de perfection que l'homme posféde ; telle a du moins été fa prévoyance que la quête journaliere de leur vie , leurs occupations domeftiques & l'intérêt de leur efpece confument tout leur tems , & qu'en fatisfaifant à ces fonctions différentes, la paffion les met toujours dans une agitation proportionnée à leur conftitution. Qu'on tire ces Créatures de

leur

leur état laborieux & naturel & qu'on les place dans une abondance qui satisfasse sans peine & avec profusion à tous leurs besoins ? Leur tempérament ne tardera pas à se ressentir de cette luxurieuse oisiveté, & leurs facultés à se dépraver dans cette commode inaction. Si on leur accorde la nourriture à meilleur marché que la Nature ne l'avoit entendu, elles racheteront bien ce petit avantage par la perte de leur sagacité naturelle, & de presque toutes les vertus de leur espece.

Il n'est pas nécessaire de démontrer cet effet par des exemples. Quiconque a la moindre teinture d'histoire naturelle ; quiconque n'a pas dédaigné tout-à-fait d'observer la conduite des animaux, & de s'instruire de leur façon de vivre & de conserver leur espéce, a dû remarquer, sans sortir du même systême,

II. Partie.   P

une grande différence entre l'adreſſe des animaux ſauvages & celle des animaux apprivoiſés. On peut dire que ceux-ci ne ſont que des bêtes en comparaiſon de ceux-là. Ils n'ont ni la même induſtrie, ni le même inſtinct. Ces qualités ſeront foibles en eux, tant qu'ils reſteront dans un eſclavage aiſé : mais leur rend-on la liberté ? rentrent-ils dans la néceſſité de pourvoir à leurs beſoins ? ils recouvrent toutes leurs affections naturelles, & avec elles, toute la ſagacité de leur eſpece. Ils reprennent dans la peine toutes les vertus qu'ils avoient oubliées dans l'aiſance : ils s'uniſſent entr'eux plus étroitement : ils montrent plus de tendreſſe pour leurs petits ; ils prévoyent les ſaiſons : ils mettent en uſage toutes les reſſources que la Nature leur ſuggere pour la conſervation de leur eſpece, contre l'incommodité des tems & les rufes de leurs ennemis. Enfin l'occupation & le travail les remettent dans leur bonté naturelle ; & la nonchalence & les autres vices, les abandonnent avec l'abondance & l'oi-fiveté.

Entre les Hommes, l'indigence con-damne les uns au travail ; tandis que d'autres dans une abondance complette s'engraissent de la peine & de la fueur des premiers. Si ces opulens ne fu-pléent par quelque exercice convenable aux fatigues du corps dont ils font dif-penfés par état ; fi loin de fe livrer à quelque fonction honnête par elle-même & profitable à la Société, telles que la littérature, les fciences, les arts, l'agri-culture, l'œconomie domeftique, ou les affaires publiques, ils regardent avec mépris toute occupation en général ; s'ils trouvent qu'il eft beau de s'enfévelir dans une oisiveté profonde & de s'assoupir dans une molesse ennemie de toute af-faire ; il n'est pas possible qu'à la faveur de cette nonchalence habituelle les pas-sions n'exercent tous leurs caprices , & que dans ce sommeil des affections so-ciales , l'esprit qui conserve toute son activité ne produise mille monstres di-vers.

A quel excès la débauche n'est-elle pas portée dans ces villes qui sont de-puis long-tems le siége de quelqu'Em-pire ? Ces endroits peuplés d'une infi-nité de riches fainéans & d'une mul-titude d'ignorans illustres , sont plongés dans le dernier débordement. Par-tout ailleurs où les hommes assujettis au travail dès la jeunesse , se font honneur d'exercer dans un âge plus avancé des fonctions utiles à la Société , il n'en est pas ainsi. Les désordres habitans des grandes Villes, des Cours, des Palais, de ces Communautés opulentes de Dervis oiſeux, & de toute Société dans laquelle la richeſſe a introduit la fainéantiſe, ſont preſque inconnus dans les Provinces éloignées, dans les petites Villes, dans les familles laborieuſes & chez l'eſpece de peuple qui vit de ſon induſtrie.

Mais ſi nous n'avons rien avancé juſqu'à-preſent ſur notre conſtitution intérieure qui ne ſoit dans la vérité ; ſi l'on convient que la Nature a des loix qu'elle obſerve avec autant d'exactitude dans l'ordonnance de nos affections, que dans la production de nos membres & de nos organes ; s'il eſt démontré que l'exercice eſt eſſentiel à la ſanté de l'ame, & que l'ame n'a point d'exercice plus ſalutaire que celui des affections ſociales ; on ne pourra nier que, ſi ces affections font pareſſeuſes ou léthargiques, la conſtitution intérieure ne doive ſouffrir & ſe déranger. On aura beau faire un art de l'indolence, de l'inſenſibilité & de l'indifférence, s'envelopper dans une oiſiveté ſyſtématique & raiſonnée ; les paſſions n'en auront que plus de facilité pour forcer leur priſon, ſe mettre en pleine liberté, & ſémer dans l'eſprit le déſordre, le trouble & les inquiétudes. Privées de tout emploi naturel & honnête, elles ſe répandront en actions capricieuſes, folles, monſtrueuſes & dénaturées. La balance qui les tempéroit ſera bientôt détruite & l'architecture intérieure s'écroulera de fond en comble.

Ce ſeroit avoir des idées bien imparfaites de la méthode que la Nature obſerve dans l'organiſation des animaux, que d'imaginer qu'un auſſi grand appui, qu'une colonne auſſi conſidérable dans l'édifice intérieur , que l'est l'œconomie des affections , peut être abattue ou ébranlée fans entraîner l'édifice avec elle ou le menacer d'une ruine totale.

Ceux qui feront initiés dans cette architecture morale , y remarqueront un ordre , des parties , des liaifons , des proportions & un édifice , tel qu'une paffion feule trop étendue ou trop pouffée affoiblit ou furcharge le refte & tend à la ruine du Tout. C'eft ce qui arrive dans le cas de la phrénéfie & de l'aliénation. L'efprit trop violemment affecté d'un objet trifte ou gai , fuccombe fous fon effort , & fa chûte ne prouve que trop bien la néceffité du contrepoids & de la balance dans les affections. Ils diftingueront dans les Créatures différens ordres de paffions , plufieurs efpeces d'inclinations , & des penchans variés selon la différence des sexes, des organes & des fonctions de chacune. Ils s'appercevront que, dans chaque syftême, l'énergie & la diverfité des caufes répondent toujours exactement à la grandeur & à la diverfité des effets à produire, & que la conftitution & les forces extérieures déterminent abfolument l'œconomie intérieure des affections. De forte que par-tout, où l'excès ou la foibleffe des affections ; l'indolence ou l'impétuofité des penchans ; l'abfence des fentimens naturels où la préfence de quelques paffions étrangéres, caractériferont deux efpeces raffemblées & confondues dans le même individu, il doit y avoir imperfection & défordre.

Rien de plus propre à confirmer notre fyftême que la comparaifon des Etres parfaits, avec ces Créatures originellement imparfaites, eftropiées entre les mains de la Nature & défigurées par quelqu'accident qu'elles ont essuyé dans la matrice qui les a produites. Nous appellons production monstrueuse , le mélange de deux especes , un composé de deux sexes. Pourquoi donc , celui dont la constitution intérieure est défigurée & dont les affections sont étrangéres à sa nature , ne seroit-il pas un monstre ? Un animal ordinaire nous paroît monstrueux & dénaturé , quand il a perdu son instinct , quand il fuit ses semblables , lorsqu'il néglige ses petits & pervertit la destination des talens ou des organes qu'il a reçûs. De quel œil devons-nous donc regarder , de quel nom appeller un homme qui manque des affections convenables à l'espece humaine , & qui décele un génie & un caractère contraire à la nature de l'homme ?

Mais quel malheur n'est-ce pas pour

une Créature deftinée à la Société , plus particuliérement qu'aucune autre , d'être dénuée de ces penchans qui la porteroient au bien & à l'intérêt général de fon ef-pece ? car il faut convenir qu'il n'y en a point de plus ennemie de la folitude que l'homme dans fon état naturel. Il eft entraîné malgré qu'il en ait à rechercher la connoiffance , la familiarité & l'eftime de fes femblables ; telle eft en lui la for-ce de l'affection fociale , qu'il n'y a ni réfolution , ni combat , ni violence , ni précepte qui le retiennent ; il faut ou céder à l'énergie de cette paffion , ou tomber dans un abattement affreux & dans une mélancolie qui peut être mortelle.

L'Homme infociable , ou celui qui s'exile volontairement * du Monde &

* Il n'eft point ici queftion de ces pieux Solitaires que l'efprit de pénitence , la crainte

qui rompant tout commerce avec la Société en abjure entiérement les devoirs, doit être sombre, triste, chagrin & mal conftitué.

L'Homme féqueftré, ou celui qui eft féparé des hommes & de la Société, par accident ou par force, doit éprouver dans fon tempérament, de funeftes effets de cette féparation. La trifteffe & la mauvaife humeur s'engendrent partout où l'affection fociale eft éteinte ou réprimée : mais a-t'elle occafion d'agir en pleine liberté & de fe manifefter dans toute fon énergie, elle tranfporte la Créature. Celui dont on a brifé les liens, qui renaît à la lumiere au fortir des dangers du monde, ou quelqu'autre motif autorifé par les confeils de Jefus-Chrift & par les vûes fages de fon Eglife, ont confiné dans des deferts. On confidere dans tout le cours de cet ouvrage (comme on l'a déja dit mille fois, quoiqu'il fût toujours aifé de s'en appercevoir) l'homme dans fon état naturel & non fous la Loi de grace.

d'un cachot où il a été long-tems déte-
nu, n'est pas plus heureux dans les premiers momens de sa liberté. Il y a peu
de personnes qui n'ayent éprouvé la joye
dont on est pénétré, lorsqu'après une longue retraite, une absence considérable,
on ouvre son esprit, on décharge son
cœur, on épanche son ame dans le sein
d'un ami.

Cette passion se manifeste encore bien
clairement dans les personnes qui rem-
plissent des postes éminens ; dans les
Princes, dans les Monarques & dans
tous ceux que leur condition met au-
dessus du commerce ordinaire des hommes, & qui pour se conserver leurs res-
pects, trouvent à propos de leur dérober leur personne & de laisser entre
les hommages & leur trône, une vaste
distance. Ils ne * sont pas toujours les

* Les Potentats Orientaux renfermés dans
l'intérieur de leur Sérail, se montrent rarement

mêmes : cette affectation se dément dans le domestique. Ces ténébreux Monarques de l'Orient, ces fiers Sultans, se rapprochent de ceux qui les environnent, se livrent & se communiquent : on remarque, à la vérité, qu'ils ne s'adressent pas ordinairement aux plus honnêtes-gens ; mais qu'importe à la certitude de nos propositions ? Il suffit que soûmis à la commune loi, ils ayent besoin de confidents & d'amis. Que des gens

à leurs Sujets & jamais qu'avec une suite & un appareil propres à imprimer la terreur. Plongés dans les voluptés, à qui livrent-ils leur confiance ? à un Eunuque ministre de leurs plaisirs, à un flatteur, à un vil Officier que la bassesse de sa naissance ou de son emploi dispense d'avoir des sentimens. Il n'est pas rare de voir un Valet du Sérail passer de dignités en dignités jusqu'à celle de Visir, devenir le fléau des Peuples, & finir par une mort tragique dans ces révoltes ordinaires à Constantinople où le Ministre est aussi lâchement abandonné par son Maître & sacrifié à la fureur des rebelles, qu'il en fut aveuglément élevé à une place où l'on ne devroit jamais faire asseoir que le Mérite & la Vertu.

fans aucun mérite , que des efclaves , que des hommes tronqués , que les mortels quelquefois les plus vils & les plus méprifables, rempliffent ces places d'honneur & foient érigés en favoris ? l'énergie de l'affection fociale n'en fera que plus marquée. C'eft pour des mon-ftres que ces Princes font hommes : ils s'inquiettent pour eux ; c'eft avec eux qu'ils fe déployent ; qu'ils font ouverts, libres , fincéres & généreux : c'eft en leurs mains qu'ils fe plaifent quelquefois à dépofer leur Sceptre. Plaifir franc & défintéreffé , & même en bonne poli-tique , la plûpart ,du tems oppofé à leurs vrais intérêts ; mais toujours au bonheur de leurs Sujets. C'eft dans ces contrées où l'amour des Peuples ne difpofe point du Monarque , mais la foibleffe pour quelque vile Créature ; c'eft dans ces contrées , dis-je , qu'on voit l'étendart de la tyrannie arboré dans toutes ses couleurs : le Prince devient sombre, méfiant & cruel ; ses Sujets ressentent l'effet de ces passions, horribles mais nécessaires supports d'une Couronne environnée de nuages épais & couverte d'une obscurité qui la dérobe éternellement aux yeux, à l'accès & à la tendresse. Il est inutile d'appuyer cette réflexion du témoignage de l'Histoire.

D'où l'on voit quelle est la force de l'affection sociale ; à quelle profondeur elle est enracinée dans notre nature ; par combien de branches elle est entrelassée avec les autres passions, & jusqu'à quel point elle est nécessaire à l'œconomie des penchans & à notre félicité.

Il est donc vrai que le grand & principal moyen d'être bien avec soi ; c'est d'avoir les affections sociales, & que manquer de ces penchans, c'est être misérable ; ce que j'avois à démontrer.

SECTION SECONDE.

Nous avons maintenant à prouver que la violence des affections privées rend la Créature malheureuse.

Pour procéder avec quelque méthode , nous remarquerons d'abord que toutes les paſſions relatives à l'intérêt particulier & à l'œconomie privée de la Créature , ſe réduiſent à celles-ci. L'amour de la vie. Le reſſentiment des injures. L'amour des femmes & des autres plaiſirs des ſens. Le déſir des commodités de la vie. L'émulation ou l'amour de la gloire & des applaudiſſemens. L'indolence ou l'amour des aiſes & du repos. C'eſt dans ces penchans relatifs au ſyſtême individuel que conſiſtent l'intérêt & l'amour-propre.

Ces affections modérées & retenues dans de certaines bornes , ne ſont par elles-

elles-mêmes ni injurieuses à la Société,
ni contraires à la Vertu morale. C'est
leur excès qui les rend vicieuses. Estimer la vie plus qu'elle ne vaut; c'est
être lâche. Ressentir trop vivement une
injure; c'est être vindicatif. Aimer le
sexe & les autres plaisirs des sens, avec
excès; c'est être luxurieux. Poursuivre
avec avidité les richesses; c'est être
avare. S'immoler aveuglément à l'honneur & aux applaudissemens; c'est être
ambitieux & vain. Languir dans l'aisance, & s'abandonner sans réserve au
repos; c'est être paresseux. Voilà le
point ou les passions privées deviennent
nuisibles au bien général; & c'est aussi
dans ce dégré *d'intensité* qu'elles sont
pernicieuses à la Créature elle-même.
Comme on va voir en les parcourant
chacune en particulier.

Si quelqu'affection privée pouvoit balancer les penchans généraux, sans pré-judicier au bonheur particulier de la Créature ; ce seroit sans contredit, l'amour de la vie. Qui croiroit cependant qu'il n'y en a aucune dont l'excès produise de si grands désordres & soit plus fatal à la félicité ?

Que la vie soit quelquefois un malheur ; c'est un fait généralement avoué. Quand une Créature en est réduite à désirer sincérement la mort ; c'est la traiter avec rigueur que de lui commander de vivre *. Dans ces conjonctures, quoique la Religion & la raison retiennent le bras & ne permettent pas de finir ses maux en terminant ses jours,

---

* Sans compter toutes ces catastrophes désespérantes qui rendent la vie insupportable ; l'amour de Dieu produit le même effet : *Cupio dissolvi, & esse cum Christo,* disoit S. Paul. Mais si Judas l'Apôtre, après avoir trahi son Maître, se fût contenté de désirer la mort, il auroit prononcé sur lui-même le jugement que Jesus-Christ en avoit déja porté.

s'il se présente quelqu'honnête & plausible occasion de périr , on peut l'embrasser sans scrupule. C'est dans ces circonstances que les parens & les amis se réjouissent avec raison de la mort d'une personne qui leur étoit chere ; quoiqu'elle ait eû peut-être la foiblesse de se refuser au danger & de prolonger son malheur autant qu'il étoit en elle.

Puisque la nécessité de vivre est quelquefois un malheur ; puisque les infirmités de la vieillesse , rendent communément la vie importune ; puisqu'à tout âge , c'est un bien que la Créature est sujette à surfaire & à conserver à plus haut prix qu'il ne vaut ; il est évident que l'amour de la vie ou l'horreur de la mort peut l'écarter de ses vrais intérêts, & la contraindre par son excès à devenir la plus cruelle ennemie d'elle-même.

Mais quand on conviendroit qu'il est

de l'intérêt de la Créature de conserver
fa vie , dans quelque conjonctture & à
quelque prix que ce puiffe être ; on
pourroit encore nier qu'il fût de fon
bonheur d'avoir cette paffion dans un
degré violent. L'excès eft capable de
l'écarter de fon but & de la rendre in-
efficace : cela n'a prefque pas befoin de
preuve. Car quoi de plus commun que d'ê-
tre conduit par la frayeur dans le péril que
l'on fuyoit? que peut faire pour fa défenfe
& pour fon falut, celui qui a perdu la tête?
Or il eft certain que l'excès de la crainte
ôte la préfence d'efprit. Dans les grandes
& périlleufes occafions , c'eft le courage,
c'eft la fermeté qui fauve. Le brave
échappe à un danger qu'il voit : mais le
lâche fans jugement & fans défenfe fe hâte vers le précipice que fon trouble lui
dérobe & fe jette tête baiffée dans un malheur qui peut-être ne venoit point à lui.

. Quand les suites de cette paſſion ne ſeroient pas auſſi fâcheuſes que nous les avons repréſentées ; il faudroit toujours convenir qu'elle eſt pernicieuſe en elle-même , ſi c'eſt un malheur que d'être lâche , & ſi rien n'eſt plus triſte que d'être agité par ces ſpectres & ces horreurs qui ſuivent par-tout ceux qui redoutent la mort. Car ce n'eſt pas ſeulement dans les périls & les hazards que cette crainte importune : lorſque le tempérament en eſt dominé , elle ne fait point de quartier : on frémit dans la retraite la plus aſſurée ; dans le réduit le plus tranquille on s'éveille en ſurſaut. Tout ſert à ſes fins ; aux yeux qu'elle faſcine , tout objet eſt un monſtre : elle agit dans le moment où les autres s'en apperçoivent le moins : elle ſe fait ſentir dans les occaſions les plus imprévûes : il n'y a point de divertiſſements fi bien préparés , de parties fi délicieufes , de quarts-d'heure fi voluptueux qu'elle ne puiffe déranger , troubler , empoifonner. On pourroit avancer qu'en eftimant le bonheur, non par la poffeffion de tous les avantages auxquels il eft attaché ; mais par la fatisfaction intérieure que l'on reffent, rien n'eft plus malheureux qu'une Créature lâche & peurcufe. Mais fi l'on ajoute à tous ces inconvéniens , les foibleffes occafionnées & les baffeffes exigées par un amour exceffif de la vie ; fi l'on met en compte toutes ces actions fur lefquelles on ne revient jamais qu'avec chagrin , quand on les a commifes , & qu'on ne manque jamais de commettre , quand on eft lâche ; fi l'on confidere la trifte néceffité de fortir perpétuellement de fon affiette naturelle & de paffer de perplexité en perplexité , il n'y aura point de Créature affez vile pour trouver quelque fatisfaction à vivre à ce prix. Et quelle fatisfaction pourroit-elle y trouver ? Après avoir facrifié la Vertu, l'honneur, la tranquillité & tout ce qui fait le bonheur de la vie.

Un amour exceffif de la vie eft donc contraire aux intérêts réels & au bonheur de la Créature.

Le reffentiment eft une paffion fort différente de la crainte ; mais qui dans un degré modéré n'eft ni moins néceffaire à notre fûreté, ni moins utile à notre confervation. La crainte nous porte à fuir le danger : le reffentiment nous raffure contre lui & nous difpofe à repouffer l'injure qu'on nous fait ou à réfifter à la violence qu'on nous prépare. Il eft vrai que dans un caractere vertueux, que dans une parfaite œconomie des affections, les mouvemens de la

crainte & du reſſentiment ſont trop
foibles pour former des paſſions. Le
brave eſt circonſpect ſans avoir peur,
& le ſage réſiſte ou punit ſans s'irriter.
Mais dans les tempéramens ordinaires,
la prudence & le courage peuvent s'al-
lier avec une teinture legére d'indigna-
tion & de crainte, ſans rompre la balance des affections. C'eſt en ce ſens qu'on
peut regarder la colere comme une
paſſion néceſſaire. C'eſt elle qui, par les
ſymptômes extérieurs dont ſes premiers
accès ſont accompagnés, fait préſumer
à quiconque eſt tenté d'en offenſer un
autre, que ſa conduite ne ſera pas im-
punie, & le détourne par la crainte
qu'elle imprime, de ſes mauvais deſſeins. C'eſt elle qui ſouleve la Créature
outragée & lui conſeille les repréſailles.
Plus elle eſt voiſine de la rage & du déſeſpoir, plus elle eſt terrible. Dans ces

extrémités , elle donne des forces &
une intrépidité dont on ne se croyoit pas
capable. Quoique le châtiment & le
mal d'autrui soient sa fin principale ,
elle tend aussi à l'intétêt particulier de
la Créature , & même au bien général
de son espece. Mais seroit-il nécessaire
d'exposer combien est funeste à son bonheur , ce qu'on entend communément
par colére , soit qu'on la considére comme un mouvement furieux qui transporte
la Créature , ou comme une impression
profonde qui suit l'offense & que le
désir de la vengeance accompagne
toujours.

On ne sera point surpris des suites
affreuses du ressentiment & des effets
terribles de la colére , si l'on conçoit
qu'en satisfaisant ces passions cruelles ,
on se délivre d'un tourment violent, on
se décharge d'un poids accablant & l'on

appaife un fentiment importun de miſére. Le vindicatif ſe hâte de noyer toutes ſes peines dans le mal d'autrui : l'accompliſſement de ſes déſirs lui promet un torrent de voluptés. Mais qu'eſt-ce que cette volupté ? C'eſt le premier quart-d'heure d'un Criminel qui ſort de la queſtion : c'eſt la ſuſpenſion ſubite de ſes tourmens, ou le répit qu'il obtient de l'indulgence de ſes Juges ou plutôt de la laſſitude de ſes Bourreaux. Cette perverſité, ce rafinement d'inhumanité, ces cruautés capricieuſes qu'on remarque dans certaines vengeances, ne ſont autre choſe que les efforts continuels d'un malheureux qui tente de ſe détacher de la roue : c'eſt un aſſouviſſement de rage perpétuellement renouvellé.

Il y a des Créatures en qui cette paſſion s'allume avec peine & s'éteint plus difficilement encore , quand elle eſt une ſois allumée. Dans ces Créatures , l'eſprit de vengeance eſt une furie qui dort ; mais qui , quand elle eſt éveillée , ne ſe repoſe point qu'elle ne ſoit ſatisfaite : alors , ſon ſommeil eſt d'autant plus profond , ſon repos paroît d'autant plus doux que le tourment dont elle s'eſt délivrée , étoit grand & que le poids dont elle s'eſt déchargée , étoit lourd. Si en langage de galanterie , la jouiſſance de l'objet aimé s'appelle avec raiſon , la fin des peines de l'amant ; cette façon de parler convient tout autrement encore au vindicatif. Les peines de l'amour ſont agréables & flatteuſes ; mais celles de la vengeance ne ſont que cruelles. Cet état ne ſe conçoit que comme une profonde miſére ; une ſenſation amére dont le fiel n'eſt tempéré d'aucune douceur.

Quant aux influences de cette paſſion ſur l'eſprit & ſur le corps, & à ſes funeſtes ſuites dans les différentes conjonctures de la vie, c'eſt un détail qui nous méneroit trop loin. D'ailleurs nos Miniſtres ſe ſont emparés de ces moralités analogues à la Religion, & nos ſacrés Rhéteurs en font retentir depuis ſi long-tems leurs Chaires & nos Temples, que pour ne rien ajouter à la ſatiété du genre-humain *, en anticipant ſur leurs droits, nous n'en dirons pas davantage. Auſſi-bien, ce qui précede ſuffit pour démontrer qu'on ſe rend malheureux en ſe livrant à la colére, & que l'habitude de ce mouvement eſt une de ces maladies de tempérament,

---

* Ce trait tombe ſur l'Egliſe Anglicane qui peut ſe flatter d'être féconde en mauvais Prédicateurs. Les Flechiers, les Boſſuets, les Bourdaloües, & une infinité d'autres écarteront à jamais ce reproche de l'Egliſe Gallicane.

inséparables du malheur de la Créature.

Paſſons à la volupté & à ce qu'on appelle les plaiſirs. S'il étoit auſſi vrai, que nous avons démontré qu'il eſt faux, que la meilleure partie des joyes de la vie conſiſte dans la ſatisfaction des ſens; ſi de plus cette ſatisfaction eſt attachée à des objets extérieurs capables de procurer par eux-mêmes, & en tout tems des plaiſirs proportionnés à leur quantité & à leur valeur; un moyen infaillible d'être heureux, ce ſeroit de ſe pourvoir abondamment de ces choſes précieuſes qui font néceſſairement la félicité. Mais qu'on étende tant qu'on voudra l'idée d'une vie délicieuſe; toutes les reſſources de l'opulence ne fourniront jamais à notre eſprit un bonheur uniforme & conſtant. Quelque facilité qu'on ait de multiplier les agrémens, en acquérant tout ce que peut exiger le caprice des fens : c'eſt autant de bien perdu , ſi quelque vice dans les facultés inté- rieures , ſi quelque défaut dans les diſ- poſitions naturelles en altére la jouiſ- ſance.

On remarque que ceux dont l'intem- pérance & les excès ont ruiné l'eſto- mac , n'en ont pas moins d'appétit ; mais c'eſt un appétit faux & qui n'eſt point naturel. Telle eſt la ſoif d'un yvrogne ou d'un fiévreux. Cependant la ſatisfaction de l'appétit naturel ; en un mot le ſoulagement de la ſoif & de la faim ,'eſt infiniment ſupérieur à la ſen- ſualité des repas ſuperflus de nos Pe- trones les plus érudits & de nos plus rafinés voluptueux. C'eſt une différence qu'ils ont eux-mêmes quelquefois éprou- vée : que ce Peuple Epicurien accou- tumé à prévenir l'appétit , ſe trouve for- cé par quelque circonſtance particuliére , de l'attendre & de pratiquer la sobriété : qu'il arrive à ces délicats de ne trouver dans un souper de voyageur ou dans un déjeuner de chasse que quelques mets communs & grossiers pour ces palais friands , mais assaisonnés par la diette & par l'exercice ; après avoir mangé d'appétit, ils conviendront avec franchise que la table la mieux servie ne leur a jamais fait tant de plaisir.

D'un autre côté , il n'est pas extraordinaire d'entendre des personnes qui ont essayé d'une vie laborieuse & pénible, & d'une table simple & frugale , regretter dans l'oisiveté des richesses & au milieu des profusions de la somptuosité , l'appétit & la santé dont ils jouissoient dans leur premiere condition. Il est constant qu'en violentant la nature, en forçant l'appétit & en provoquant les sens , la délicatesse des organes se perd.

Ce défaut corrompt enfuite les mets les plus exquis , & l'habitude achéve bientôt d'ôter aux chofes toute leur excellence. Qu'arrive-t'il de-là ? que la privation en devient plus cuifante & la poffeffion moins douce. Les naufées , de toutes les fenfations les plus difgracieufes , ne quittent point les intempérans : une réplétion apopleſtique & des fenfations ufées répandent les aigreurs & le dégoût fur tout ce qu'on leur préfente. De forte qu'au lieu de l'éternité de délices qu'ils attendoient de leurs fomptuofités , ils n'en recueillent qu'infirmités , maladies , infenfibilité d'organes & inaptitude aux plaifirs. Tant il eſt faux que vivre en Epicurien, ce foit ufer du tems & tirer bon parti de la vie.

Il eſt inutile de s'étendre fur les fuites fâcheufes de la fomptuofité : on peut

concevoir

concevoir par ce que nous en avons dit , qu'elle est pernicieuse au corps qu'elle accable d'infirmités , & fatale à l'esprit qu'elle conduit à la stupidité.

Quant à l'intérêt particulier de la Créature ; il est évident que ce cours effréné de desirs augmentera sa dépendance, en multipliant ses besoins : qu'elle ne tardera pas à trouver ses fonds , quelque considérables qu'ils soient, insuffisans pour les dépenses qu'ils exigeront : que , pour satisfaire à cette impérieuse somptuosité , il en faudra venir aux expédients , sacrifier peut-être son honneur à l'accroissement de ses revenus , & s'abaisser à mille infâmes manœuvres pour augmenter sa fortune. Mais à quoi bon m'occuper à démontrer le tort que le voluptueux se fait à lui-même ? laissons-le s'expliquer

II. Partie. R

là-dessus *. Dans l'impoſſibilité de réſiſter au torrent qui l'entraîne, il déclarera en s'y abandonnant, qu'il s'apperçoit bien qu'il court à une ruine certaine. On a tous les jours l'occaſion d'entendre ces diſcours. J'en ai donc aſſez dit pour conclure que la volupté, la débauche & tout excès ſont contraires aux vrais intérêts & au bonheur préſent de la Créature.

Il y a une eſpece de luxure d'un ordre fort ſupérieur à celle dont nous avons parlé. La conſervation de l'eſpece eſt ſon but. Dans la rigueur, on ne peut la traiter de paſſion privée. Animée par l'amour & par la tendreſſe, ainſi que toute autre affection ſociale; aux plaiſirs d'eſprit qu'elle eſt en état de procurer comme elles, elle réunit

* *Nam veræ voces tùm demùm pectore ab imo Eliciuntur.* Lucr.

encore l'enchantement des fens. Telle
eft l'attention de la Nature à l'entretien
de chaque fyftême, que par une efpece
de befoin animal , & par je ne fçais
quel fentiment intérieur d'indigence ,
qu'elle a placé dans les Créatures qui les
compofent , elle convie les fexes à s'approcher & à s'occuper enfemble de la
perpétuité de leur efpece. Mais eft-il de
l'intérêt de la Créature d'éprouver cette
indigence dans un degré violent ? C'eft
le point que nous avons à difcuter.

Nous en avons affez dit,& fur les appétits naturels & fur les penchans dénaturés,
pour glifler ici fans fcrupule fur cet ar-
ticle. Si l'on convient qu'il y a dans la
pourfuite de tout autre plaifir , une dofe
d'ardeur qu'on ne peut excéder , fans en
altérer la jouiffance & fans préjudicier
ainfi à fes vrais intérêts ; par quelle fin-
gularité , celui-ci fortiroit-il de la loi gé-

nérale & ne reconnoîtroit-il point de limites ? Nous connoiſſons d'autres ſenſations ardentes , & qui éprouvées dans un certain degré ſont toujours voluptueuſes, mais dont l'excès eſt une peine inſupportable. Tel eſt le ris que le chatouillement excite : ce mouvement, *avec l'air de famille* & tous les traits du plaiſir , n'en eſt pas moins un tourment. C'eſt la même choſe dans l'eſpece de luxure dont nous parlons. Il y a des tempéramens pétris de ſalpêtre & de ſoufre , dans une fermentation continuelle & d'une chaleur qui produit dans le corps des mouvemens dont la fréquence & la durée conſtituent une maladie qui a ſon rang & ſon nom dans la Médecine. Quand quelques groſſiers voluptueux ſe féliciteroient de cet état & s'y complairoient ; je doute que les délicats , que ceux qui font du plaiſir & leur ſouverain

bien & leur étude principale , s'accor-
daffent avec eux fur ce point.

Mais s'il y a dans toute fenfation
voluptueufe un point où le plaifir finit
& la fureur commence : fi la paffion a des
limites qu'elle ne peut franchir fans nuire
aux intérêts de la Créature ; qui déter-
minera ces limites ? qui fixera ce point ?
« La Nature , feule arbitre des chofes ».
Mais où prendre la Nature?.. « Où? dans
» l'état originel des Créatures; dans l'hom-
» me dont une éducation vicieufe n'aura
» point encore altéré les affections ».

Celui qui a eu le bonheur d'être
plié dès fa jeuneffe à un genre de vie
naturel , d'être inftruit à la fobriété ,
pourvû d'un talent honnête & garanti
des excès & de la débauche , exerce
fur fes appétits un pouvoir abfolu. Mais
ces efclaves , pour être foûmis , n'en
font pas moins propres à fes plaifirs.

Au contraire, fains, vigoureux & pleins d'une force & d'une activité que l'intempérance & l'abus ne leur ont point ôtées, ils n'en rempliffent que mieux leurs fonctions. Et fi en ne fuppofant en deux Créatures d'autre différence dans les organes & les fenfations, que celle qu'un régime de vie intempérant ou frugal peut y avoir produite ; il étoit poffible de comparer par expérience la fomme des plaifirs de part & d'autre ; je ne doute point que, fans égard pour les fuites, en ne mettant en compte que la fatisfaction feule des fens, on ne prononçât en faveur de l'homme fobre & vertueux.

Sans s'arrêter aux coups que cette phrénéfie porte à la vigueur des membres & à la fanté du corps ; le tort qu'elle fait à l'efprit eft plus grand encore, quoique moins redouté. Une

indifférence pour tout avancement, une
confommation miférable du tems, l'indolence, la moleffe, la fainéantife, &
la révolte d'une multitude d'autres paffions que l'efprit énervé, ftupide, abruti,
n'a ni la force, ni le courage de maî-
trifer. Voilà les effets palpables de cet
excès.

Les défavantages que cette forte d'intempérance fait fupporter à la fociété, &
les avantages qui reviennent au monde
de la fobriété contraire, ne font pas
moins évidens. De toutes les paffions,
aucune n'exerce un plus févere defpo-
tifme fur fes efclaves. Les tributs n'a-
douciffent point fon empire : plus on
lui accorde, plus elle exige. La modeftie & l'ingénuité naturelles, l'honneur
& la fidélité font fes premiéres victimes.
Il n'y a point d'affections déréglées dont
les caprices impétueux foulevent tant

d'orages & pouſſent la Créature plus directement au malheur.

Quant à cette paſſion qui mérite particuliérement le titre d'intéreſſée ; puiſ-
qu'elle a pour but la poſſeſſion des
richeſſes , les faveurs de la fortune &
ce qu'on appelle un Etat dans le monde.
Pour être avantageuſe à la ſociété &
compatible avec la Vertu , elle ne doit
exciter aucun deſir inquiet. L'induſtrie
qui fait l'opulence des Familles & la
puiſſance des Etats, eſt fille de l'intérêt. Mais ſi l'intérêt domine dans la
Créature , ſon bonheur particulier &
le bien public en ſouffriront. La miſere
qui la rongera , vengera continuellement
l'injure faite à la ſociété : car plus cruel
encore à lui-même qu'au genre-humain ,
l'avare eſt la propre victime de ſon
avarice.

Tout le monde convient que l'avarice

& l'avidité font deux fléaux de la Créature. On fçait d'ailleurs que peu de chofes fuffifent à l'ufage & à la fubfiftance , & que le nombre des befoins feroit court , fi l'on permettoit à la frugalité de les réduire, & fi l'on s'exerçoit à la tempérance , à la fobriété & à un train de vie naturel, avec la moitié de l'application , des foins & de l'induftrie qu'on donne à la luxure & à la fomptuofité. Mais fi la tempérance eft avantageufe ; fi la modération confpire au bonheur ; fi les fruits en font doux , comme nous l'avons démontré plus haut ; quelle mifere n'entraîneront point à leur fuite les paffions contraires ? quel tourment n'éprouvera point une Créature rongée de défirs qui ne connoiffent de bornes ni dans leur effence , ni dans la nature de leur objet ? Car où s'arrêter ? y a-t'il dans cette immenfité de chofes qui peuvent exercer la cupidité , un point inaccessible à l'effort & à l'étendue des souhaits ? quelle digue opposer à la manie d'entasser , à la fureur d'accumuler revenus sur revenus & richesses sur richesses.

De-là naît dans les avares cette inquiétude que rien n'appaise ; jamais enrichis par leurs trésors & toûjours appauvris par leurs désirs , ils ne trouvent aucune satisfaction en ce qu'ils possédent, & séchent , les yeux attachés sur ce qui leur manque. Mais quel contentement réel pourroit éclorre d'un appétit si déréglé ? Etre dévoré de la soif d'acquérir soit honneurs , soit richesses ; c'est avarice , c'est ambition ; ce n'est point en jouir. Mais abandonnons ce vice à la haine & aux déclamations des hommes, chez qui avare & misérable , sont des mots synonimes , & passons à l'ambition.

Tout retentit dans le monde des défordres de cette paſſion. En effet , lorfque l'amour de la louange excéde une
honnête émulation ; quand cet enthou-
ſiaſme franchit les bornes même de la
vanité ; lorſque le déſir de ſe diſtinguer
entre ſes égaux dégénere en un orgueil
énorme ; il n'y a point de maux que
cette paſſion ne puiſſe produire. Si nous
conſidérons les prérogatives des caractères modeſtes & des eſprits tranquilles;
ſi nous appuyons ſur le repos, le bonheur & la ſécurité qui n'abandonnent jamais celui qui ſçait ſe borner dans ſon
état , ſe contenter du rang qu'il occupe
dans la ſociété, & ſe prêter à toutes
les incommodités inhérentes à ſa condition ; rien ne nous paroîtra ni plus raiſonnable , ni plus avantageux que ces
diſpoſitions. Je pourrois placer ici l'é-
loge de la modération & relever ſon

excellence en développant les défordres & les peines de l'ambition , en expofant le ridicule & le vuide de l'entêtement des titres , des honneurs , des prééminences , de la renomméc, de la gloire , de l'eftime du vulgaire , des applaudiffemens populaires , & de tout ce qu'on entend par avantages perfonnels. Mais c'eft un lieu commun auquel nous avons fuppléé par la réflexion précédente.

Il eft impoffible que le défir des grandeurs s'éléve dans une ame , devienne impétueux & domine la Créature , fans qu'elle foit en même-tems agitée d'une proportionnelle averfion pour la médiocrité. La voilà donc en proye aux foupçons & aux jaloufies , foumife aux appréhenfions d'un contre-tems ou d'un revers , & expofée aux dangers & à toute la mortification des refus. La paffion défordonnée de la gloire , des emplois & d'un état brillant , anéantit donc tout repos & toute fécurité pour l'avenir , & empoifonne toute fatisfaction & toute commodité préfente.

Aux agitations de l'ambitieux , on oppofe ordinairement l'indolence & fes langueurs : toutefois ce caractère n'exclut ni l'avarice ni l'ambition. Mais l'une dort en lui & l'autre eft fans effet. Cette paffion léthargique eft un amour défordonné du repos qui décourage l'ame , engourdit l'efprit & rend la Créature incapable d'efforts , en groffiffant à fes yeux les difficultés dont les routes de l'opulence & des honneurs font parfemées. Le penchant au repos & à la tranquillité n'eft ni moins naturel , ni moins utile que l'envie de dormir ; mais un affoupiffement continuel ne feroit pas plus funefte au corps qu'une averfion générale pour les affaires, le feroit à l'efprit.

Or que le mouvement foit néceffaire à la fanté, on en peut juger par les tempéramens de l'homme fait à l'exercice, & de celui qui n'en a jamais pris; ou par la conftitution mâle & robufte de ces corps endurcis au travail & la complexion efféminée de ces automates nourris fur le duvet. Mais la fainéantife ne borne pas fes influences au corps : en dépravant les organes, elle amortit les plaifirs fenfuels : des fens, la corruption fe tranfmet à l'efprit, & c'eft-là qu'elle excite bien un autre ravage. Ce n'eft qu'à la longue que la machine éprouve des effets fenfibles de l'oifiveté ; mais l'indolence afflige l'ame, tout en l'occupant : elle s'en empare avec les anxiétés, l'accablement, les ennuis, les aigreurs, les dégoûts & la mauvaife humeur : c'eft à ces mélancholiques compagnes qu'elle abandonne le tempérament : état dont nous avons parlé & expofé la mifere, en établiffant combien l'œconomie des affections eft néceffaire au bonheur.

Nous avons remarqué que dans l'inaction du corps, les efprits animaux privés de leurs fonctions naturelles, fe jettent fur la conftitution, & détruifent leurs canaux en exerçant leur activité. Image fidelle de ce qui fe paffe dans l'ame de l'indolent. Les affections & les penfées détournées de leurs objets, & contraintes dans leur action, s'irritent & engendrent l'aigreur, la mélancholie, les inquiétudes & cent autres peftes du tempérament. Alors le Phlegme s'exhale : la Créature devient fenfible, colére, impétueufe ; & dans ces difpofitions inflammables, la moindre étincelle fuffit pour mettre tout en feu.

Quant aux intérêts particuliers de la Créature ; que ne risque-t'elle pas ? Etre environnée d'objets & d'affaires qui demandent de l'attention & des soins , & se trouver dans l'incapacité d'y pourvoir , quel état ! quelle foule d'inconvéniens de ne pouvoir s'aider soi-même & de manquer souvent de secours étrangers ? C'est le cas de l'indolent qui n'a jamais cultivé personne & à qui les autres sont d'autant plus nécessaires que dans l'ignorance de tous les devoirs de la société où son vice l'a retenu , il est plus inutile à lui-même. Ce penchant décidé pour la paresse , ce mépris du travail , cette oisiveté raisonnée est donc une source intarissable de chagrins , & par conséquent un puissant obstacle au bonheur.

Nous avons parcouru les affections privées , & remarqué les inconvéniens de

leur

leur véhémence. Nous avons prouvé
que leur excès étoit contraire à la félicité, & qu'elles précipitoient dans une
misere actuelle la Créature qu'elles dé-
pravoient ; que leur empire ne s'accroif-
soit jamais qu'aux dépens de notre liberté, & que par leurs vûes étroites &
bornées, elles nous exposoient à contra-
éter ces dispositions viles & sordides si
généralement détestées. Rien n'est donc &
plus fâcheux en soi, & plus funeste dans
les conséquences, que de les écouter, que
d'en être l'esclave, & que d'abandonner
son tempérament à leur discrétion, &
sa conduite à leurs conseils.

D'ailleurs ce dévouement parfait de
la Créature à ses intérêts particuliers,
suppose une certaine finesse dans le commerce, & je ne sçais quoi de fourbe
& de dissimulé dans la conduite & dans
les actions : & que deviennent alors la

candeur & l'intégrité naturelle ? que deviennent la sincérité, la franchise & la droiture ? La confiance & la bonne foi s'anéantissent : les envies, les soupçons & les jalousies vont se multiplier à l'infini : de jour en jour les desseins particuliers s'étendront, & les vûes générales se rétréciront : on rompra insensiblement avec ses semblables, & dans cet éloignement de la société, où l'on sera jetté par l'intérêt, on n'appercevra qu'avec mépris les liens qui nous y tiennent attachés. C'est alors qu'on travaillera à réduire au silence & bientôt à extirper ces affections importunes qui ne cesseront de crier au fond de l'ame & de rappeller au bien général de l'espece, comme aux vrais intérêts ; c'est-à-dire, qu'on s'appliquera de toute sa force à se rendre parfaitement malheureux.

Or , laiſſant à part les autres accidens que l'excès des affections privées
doit occaſionner , ſi leur but eſt d'a-
néantir les affections générales ; il eſt
évident qu'elles tendent à nous priver
de la ſource de nos plaiſirs & à nous inſ-
pirer les penchans monſtrueux & dénaturés qui mettroient le ſceau à notre
miſere, comme on verra dans la Section
ſuivante & derniére.

SECTION TROISIEME.

Il nous reſte à examiner ces paſſions
qui ne tendent ni au bien général , ni
à l'intérêt particulier , & qui ne ſont ni
avantageuſes à la Société , ni à la Créature. Nous avons marqué leur oppoſition aux affections ſociales & naturelles ;
en les nommant penchans ſuperflus &
dénaturés.

De cette eſpece eſt le plaiſir cruel

que l'on prend à voir des exécutions; des tourmens, des défaftres, des calami- tés, le fang, le maffacre & la deftru- ction. Ç'a été la paffion dominante de plufieurs Tyrans & de quelques Nations barbares. Les hommes qui ont renoncé à cette politeffe de mœurs & de maniéres qui prévient la rudeffe & la brutalité & retient dans un certain refpect pour le genre-humain, y font un peu fujets. Elle perce encore où manquent la douceur & l'affabilité. Telle eft la nature de ce que nous appellons bonne éducation, qu'en- tr'autres défauts elle profcrit abfolument l'inhumanité & les plaifirs barbares. Se complaire dans le malheur d'un ennemi; c'eft un effet d'animofité, de haine, de crainte ou de quelqu'autre paffion inté- reffée : mais s'amufer de la gêne & des tourmens d'une Créature indifférente, étrangere ou naturelle, de la même efpece ou d'une autre, amie ou ennemie, connue ou inconnue ; fe repaître curieufement les yeux de fon fang, & s'extafier dans fes agonies ; cette fatisfaction ne fuppofe aucun intérêt ;] auffi ce penchant eft-il monftrueux, horrible & totalement dénaturé.

Une Teinte affoiblie de cette affection, c'eft la fatisfaction maligne que l'on trouve dans l'embarras d'autrui; efpece de méchanceté brouillonne & folâtre qui confifte à fe plaire dans le défordre ; difpofition qu'on femble cultiver dans les enfans & qu'en eux on appelle Efpiéglerie *. Ceux qui connoîtront un peu la nature de cette paffion ne s'étonneront point de fes fuites fâcheufes : ils feroient peut-être plus embarraffés à expliquer par quel prodige un enfant exercé entre les mains des femmes à fe réjouir dans le défordre

* *Hæ nugæ in feria ducent mala.* Horat.

S iij

& le trouble , perd ce goût dans un âge plus avancé , & ne s'occupe pas à femer la diffenfion dans fa famille , à engendrer des querelles entre fes amis , & même à exciter des révoltes dans la Société. Mais heureufement cette inclination manque de fondement dans la nature , comme nous l'avons remarqué.

La malice , la malignité ou la mauvaife volonté feront des paffions dénaturées , fi le défir de mal-faire qu'elles infpirent , n'eft excité ni par la colere, ni par la jaloufie , ni par aucun autre motif d'intérêt.

L'envie qui naît de la profpérité d'une autre Créature , dont les intérêts ne croifent point les nôtres , eft une paffion de l'efpece des précédentes.

Mettez au même nombre la mifanthropie ; efpece d'averfion qui a dominé dans

quelques perfonnes : elle agit puiffam-
ment chez ceux en qui la mauvaife humeur eft habituelle , & qui par une
nature mauvaife aidée d'une plus mauvaife éducation , ont contracté tant de
rufticité dans les maniéres & de dureté
dans les mœurs, que la vûe d'un étranger les offenfe. Le genre-humain eft
à charge à ces atrabilaires : la haine eft
toûjours leur premier mouvement. Cette
maladie de tempérament eft quelquefois
épidémique : elle eft ordinaire aux Nations fauvages , & c'eft un des principaux
caractères de la barbarie. On peut la regarder comme le revers de cette affection généreufe exercée & connue chez
les anciens fous le nom d'hofpitalité ;
Vertu qui n'étoit proprement qu'un
amour général du genre-humain qui fe
manifeftoit dans l'affabilité pour les étrangers.

S iiij

pour écraſer des objets quelquefois dignes de pitié.

« Qant à l'ingratitude & à la trahiſon ;
ce ſont, à proprement parler, des vices
purement négat fs : ils ne caractériſent
aucun penchant : leur cauſe eſt indé-
terminée : ils dérivent de l'inconſiſtence
& du déſordre des affections en général. Lorſque ces taches ſont ſenſibles
dans un caractère ; lorſque ces ulcéres
s'ouvrent ſans ſujet ; quand la Créature
favoriſe par de fréquentes rechûtes les
progrès de cette gangrene , on peut
conjecturer à ces ſymptômes qu'elle eſt
infectée de quelque levain dénaturé ,
tel que l'envie , la malignité , la vengeance & les autres.

On peut objecter que ces affections
toutes dénaturées qu'elles ſont ne vont
point ſans plaiſir ; & qu'un plaiſir quelqu'inhumain qu'il ſoit , eſt toûjours un

plaisir , fût-il placé dans la vengeance ,
dans la malignité & dans l'exercice même
de la tyrannie. Cette difficulté seroit
sans réponse , si , comme dans les joyes
cruelles & barbares , on ne pouvoit arriver au plaisir qu'en passant par le tourment ; mais aimer les hommes , les traiter avec humanité , exercer la complai-
sance , la douceur , la bienveillance, & les
autres affections sociales ; c'est jouir d'une
satisfaction immédiate à l'action & qui n'est
payée d'aucune peine antérieure ; satisfaction originelle & pure, qui n'est prévenue
d'aucune amertume. Au contraire , l'a-
nimosité , la haine , la malignité , font
des tourmens réels dont la suspension
occasionnée par l'accomplissement du
désir est comptée pour un plaisir. Plus
ce moment de relâche est doux ; plus
il suppose de rigueur dans l'état précédent. Plus les peines de corps font ai-

gues ; plus le patient eft fenfible aux intervalles de repos : telle eft la ceffa-tion momentanée des tourmens de l'ef-prit, pour le fcélérat qui ne peut con-noître d'autres plaifirs.

Les meilleurs caractères, les hommes les plus doux ont des momens fâcheux : alors une bagatelle eft capable de les ir-riter. Dans ces orages légers, l'inquié-tude & la mauvaife humeur leur ont caufé des peines dont ils conviennent tous. Que ne fouffrent donc point ces malheureux qui ne connoiffent prefque pas d'autre état ; ces furies, ces ames infernales au fond defquelles le fiel, l'animofité, la rage & la cruauté ne ceffent de bouillonner ? A quel excès d'impatience ne les portera point un ac-cident imprévû ? Que ne reffentiront-ils pas d'un contre-tems qui furviendra, d'un affront qu'ils effuyeront, & d'une

foule d'antipathies cruelles que des of-
fenfes journaliéres ne cefferont de multiplier en eux. Faut-il s'étonner que
dans cet état violent, ils trouvent une
fatisfaction fouveraine à rallentir par le
ravage & les défordres, les mouvemens
furieux dont ils font déchirés ?

Quant aux fuites de cet état dénaturé
relativement au bien de la Créature &
aux circonftances ordinaires de la vie ;
je laiffe à penfer quelle figure doit faire
entre les hommes un monftre qui n'a plus
rien de commun avec eux ; quel goût
pour la fociété peut refter à celui en qui
toute affection fociale eft éteinte ; quelle
opinion concevra-t'il des dipofitions des
autres pour lui, avec le fentiment de fes
difpofitions réciproques pour eux.

Quelle tranquillité, quel repos y a-t'il
pour un homme qui ne peut fe cacher,
je ne dis pas qu'il eft indigne de l'a-

mour & de l'affection du genre-humain,
mais qu'il en mérite toute l'aversion ?
Dans quel effroi de Dieu & des hommes
ne vivra-t'il pas ? dans quelle mélancholie ne sera-t'il pas plongé ? mélancholie
incurable par le défaut d'un ami dans
la compagnie duquel il puisse s'étour-
dir, sur le sein duquel il puisse se re-
poser : quelque part qu'il aille, de quelque côté qu'il se tourne, en quelqu'endroit qu'il jette les yeux ; tout ce qui
s'offre à lui, tout ce qu'il voit, tout
ce qui l'environne ; à ses côtés, sur sa
tête, sous ses pieds, tout se présente
à lui sous une forme effroyable & me-
naçante. Séparé de la chaîne des Etres ;
& seul contre la Nature entière ; il ne
peut qu'imaginer toutes les Créatures
réunies par une ligue générale, & prêtes
à le traiter en ennemi commun.

Cet homme est donc en lui-même,

comme dans un defert affreux & fauvage où fa vûe ne rencontre que des ruines. S'il eft dur d'être banni de fa patrie, exilé dans une terre étrangére, ou confiné dans une retraite ; que fera-ce donc que ce banniffement intérieur & que cet abandon de toute Créature ? que ne fouffrira point celui qui porte dans fon cœur la folitude la plus trifte, & qui trouve au centre de la fociété le plus affreux défert ? Etre en guerre perpétuelle avec l'Univers ; vivre dans un divorce irréconciliable avec la Nature : quelle condition !

D'où je conclus que la perte des affections naturelles & fociales entraîne à fa fuite une affreufe mifere, * & que

* Je ne crois pas qu'on trouve jamais l'Hiftoire en contradiction avec cette conclufion de notre Philofophie. Ouvrons les Annales de Tacite, ces faftes de la mechancete des hommes : parcourons les regnes de Tibere, de

les affections dénaturées rendent fou

Claude, de Caligula, de Neron, de Galba
& le deftin rapide de tous leurs Courtifans, &
renonçons à nos principes, fi dans la foule d
ces Scélérats infignes qui déchirérent les entrail
les de leur patrie & dont les fureurs ont enfan
glanté toutes les pages, toutes les lignes de cet
te hiftoire, nous rencontrons un heureux. Choi
fiffons entr'eux tous. Les delices de Capré
nous font-elles envier la condition de Tibere
Remontons à l'origine de fa grandeur, fuivon
fa fortune, confidérons-le dans fa retraite
appuyons fur fa fin ; & tout bien examiné, de-
mandons-nous, fi nous voudrions être à pre-
fent ce qu'il fut autrefois, le tyran de fon pays
le meurtrier des fiens, l'efclave d'une troupe de
proftituées,& le protecteur d'une troupe d'efclaves ?... Point de milieu, il faut ou accepter
le fort de ce Prince, s'il fut heureux, ou con-
conclure avec fon hiftorien "·Qu'en fondant
,, l'ame des Tyrans, on y découvre des bleffu-
,, res incurables & que le corps n'eft pas dé-
,, chiré plus cruellement dans la torture, que
,, l'efprit des méchans par les reproches con-
,, tinuels du crime. *Si recludantur tyrannorum*
,, *mentes, poffe afpici laniatus & ictus ; quando*
,, *ut corpora vulneribus, ita fævitiâ, libidine,*
,, *malis confultis animus dilaceretur* ". Ce
n'eft pas tout. Si l'on parcourt les différens
ordres de méchans qui rempliffent la diftance
morale de Seneque à Neron, on diftinguera de
plus la mifere actuelle dans une proportion conftante avec la dépravation. Je m'attacherai feulement aux deux extrémites. Neron fait périr

verainement

verainement malheureux. Ce qui me reſtoit à prouver.

Britannicus ſon frere, Agrippine ſa mere, ſa femme Octavie, ſa femme Poppée, Antonia ſa belle-ſœur, le conſul Veſtinus, Rufus-Criſpinus ſon beau-fils, & ſes inſtituteurs Seneque, & Burrhus ; ajoûtez à ces aſſaſſinats, une multitude d'autres crimes de toute eſpece ; voilà ſa vie. Auſſi n'y rencontre-t'on pas un moment de bonheur ; on le voit dans d'éternelles horreurs : ſes tranſes vont quelquefois juſqu'à l'aliénation d'eſprit ; alors il apperçoit le Ténare entr'ouvert, il ſe croit pourſuivi des furies ; il ne ſçait où, ni comment échapper à leurs flambeaux vengeurs ; & toutes ces fêtes monſtrueuſement ſomptueuſes qu'il ordonne, ſont moins des amuſemens qu'il ſe procure, que des diſtractions qu'il cherche. Seneque chargé par état de braver la mort, en préſentant à ſon Pupile les remontrances de la Vertu, le ſage Seneque plus attentif à entaſſer des richeſſes qu'à remplir ce périlleux devoir, ſe contente de faire diverſion à la cruauté du Tyran en favoriſant ſa luxure : il ſouſcrit par un honteux ſilence à la mort de quelques braves citoyens qu'il auroit dû deffendre : lui-même, préſageant ſa chûte prochaine par celle de ſes amis, moins intrépide avec tout ſon ſtoïciſme que l'Epicurien Pétrone, ennuyé d'échapper au poiſon en vivant des fruits de ſon jardin & de l'eau d'un ruiſſeau, va miſérablement propoſer l'échange de ſes richeſſes pour une vie qu'il n'eût pas été fâché de conſerver & qu'il ne put racheter

II. Partie. T

CONCLUSION.

Nous avons donc établi dans cette partie, ce que nous nous étions proposé. Or puisqu'en suivant les idées reçûes de dépravation & de vice, on ne peut être méchant & dépravé que

Par l'abſence ou la foibleſſe des affections générales.

Par la violence des inclinations privées.

Ou par la préſence des affections dénaturées.

Si ces trois états font pernicieux à la Créature & contraires à ſa félicité pre-

par elles ; châtiment digne des ſoins avec leſquels il les avoit accumulées. On trouvera que je traite ce Philoſophe un peu durement : mais il n'eſt pas poſſible ſur le récit de Tacite, d'en penſer plus favorablement ; & pour dire ma penſée en deux mots, ni lui ni Burrhus, ne ſont pas auſſi honnêtes-gens qu'on les fait. Voyez ľHiſtorien.

fente , être méchant & dépravé , c'est être malheureux.

Mais toute action vicieuse occasionne le malheur de la Créature proportionnellement à sa malice : donc toute action vicieuse est contraire à ses vrais intérêts : il n'y a que du plus ou du moins.

D'ailleurs en développant l'effet des affections supposées dans un degré conforme à la Nature & à la constitution de l'homme ; nous avons calculé les biens & les avantages actuels de la Vertu ; nous avons estimé par voye d'addition & de soustraction toutes les circonstances qui augmentent ou diminuent la somme de nos plaisirs ; & si rien ne s'est soustrait par sa nature , ou n'est échappé par inadvertence à cette arithmétique morale , nous pouvons nous flatter d'avoir donné à cet essai toute l'évidence des choses géométriques. Car qu'on pousse le Scepticisme si loin qu'on voudra *; qu'on aille jusqu'à douter de l'existence

* „ A quoi bon me prescrire des régles de „ conduite, dira peut-être un Pirrhonien, si je „ ne suis pas sûr de *la succession de mon existence.* „ Peut-on me démontrer quelque chose pour „ l'avenir, sans supposer que je continue d'être „ *moy?* Or c'est ce que je nie. *Moy* qui pense „ à present, est-ce *moy* qui pensoit il y a qua- „ tre jours? Le souvenir est la seule preuve que „ j'en aie. Mais cent fois, j'ai crû me souvenir „ de ce que je n'avois jamais pensé: j'ai pris „ pour fait constant ce que j'avois rêvé: que „ sçais-je encore si j'avois rêvé? *Me l'a-t'on* „ *dit? d'où cela me vient-il? l'ai-je rêvé;* ce sont „ des discours que je tiens & que j'entends tous „ les jours: quelle certitude ai-je donc de „ mon *identité? je pense, donc je suis.* Cela est „ vrai. *J'ai pensé, donc j'étois.* C'est supposer „ ce qui est en question. *Vous étiez sans doute,* „ *si vous avez pensé*; mais quelle démonstration „ avez-vous, *que vous ayez pensé? . . .* aucune, „ il faut en convenir „ : cependant on agit; on se pourvoit, comme si rien n'étoit plus vrai; le Pirrhonien même laisse ces subtilités à la por- te de l'école & suit le train commun. S'il perd au jeu; il paye comme si c'étoit lui qui eût perdu. Sans avoir plus de foi à ses raisonne- mens que lui, je tiendrai donc pour assuré que *j'étois,* que *je suis* & que *je continuerai* *d'être moy*; & conséquemment qu'il est possi- ble de me démontrer *quel je dois être* pour mon bonheur.

des Etres qui nous environnent ? on n'en viendra jamais jufqu'à balancer fur ce qui fe paffe au-dedans de foi-même. Nos affeçtions & nos penchans nous font intimement connus : nous les fentons : ils exiftent, quels que foient les objets qui les exercent, imaginaires ou réels. La condition de ces Etres eft indiffé- rente à la vérité de nos conclufions. Leur certitude eft même indépendante de notre état. Que je dorme ou que je veille, j'ai bien raifonné ; car qu'im- porte que ce qui me trouble, foit rêves fâcheux ou paffions défordonnées, en fuis- je moins troublé ? Si par hazard la vie n'eft qu'un fonge ; il fera queftion de le faire bon : & cela fuppofé, voilà l'œconomie des paffions qui devient né- ceffaire ; nous voilà dans la même obli- gation d'être vertueux, pour rêver à notre aife ; & nos démonftrations fub- fiftent dans toute leur force.   T iij

Enfin nous avons donné, ce me semble, toute la certitude possible à ce
que nous avons avancé sur la préférence
des satisfactions de l'esprit, aux plaisirs
du corps ; & de ceux-ci, lorsqu'ils sont
accompagnés d'affections vertueuses, &
goûtés avec modération, à eux-mêmes,
lorsqu'on s'y livre avec excès & qu'ils
ne sont animés d'aucun sentiment raisonnable.

Ce que nous avons dit de la constitution de l'esprit & de l'œconomie des
affections, qui forment le caractère &
décident du bonheur ou du malheur de
la Créature, n'est pas moins évident.
Nous avons déduit du rapport & de la
connexion des parties que dans cette
espece d'architecture, affoiblir un côté,
c'étoit les ébranler tous & conduire l'é-
difice à sa ruine. Nous avons démontré
que les passions qui rendent l'homme

vicieux étoient pour lui autant de tourmens ; que toute action mauvaise étoit
sujette aux remords ; que la destruction
des affections sociales , l'affoiblissement
des plaisirs intellectuels & la connoissance intérieure qu'on n'en mérite point ,
sont des suites nécessaires de la dépravation. D'où nous avons conclu que le
méchant n'avoit ni en réalité ni en imagination le bonheur d'être aimé des autres , ni celui de partager leurs plaisirs ;
c'est-à-dire que la source la plus féconde
de nos joyes étoit férmée pour lui.

Mais si telle est la condition du méchant ; si son état contraire à la Nature ,
est misérable , horrible , accablant : c'est
donc pécher contre ses vrais intérêts , &
s'acheminer au malheur , que d'enfrein-
dre les principes de la morale. Au contraire , tempérer ses affections & s'e-
xercer à la Vertu ; c'est tendre à son

bien privé , & travailler à son bonheur.

C'est ainsi que la Sagesse éternelle qui gouverne cet Univers , a lié l'intérêt particulier de la Créature , au bien général de son système ; de sorte qu'elle ne peut croiser l'un , sans s'écarter de l'autre , ni manquer à ses semblables , sans se nuire à elle-même. C'est en ce sens qu'on peut dire de l'homme qu'il est son plus grand ennemi ; puisque son bonheur est en sa main , & qu'il n'en peut être frustré qu'en perdant de vûe celui de la Société & du Tout dont il est partie. La Vertu la plus attrayante de toutes les beautés , la beauté par excellence ; l'ornement & la base des affaires humaines , le soutien des communautés ; le lien du commerce & des amitiés ; la félicité des familles ; l'honneur des contrées ; la Vertu sans laquelle tout ce qu'il y a de doux , d'agréable , de grand, d'éclatant & de beau, tombe & s'évanouit : la Vertu, cette qualité avantageuse à toute Société, & plus généralement officieuse, à tout le genre-humain, fait donc aussi l'intérêt réel & le bonheur présent de chaque Créature en particulier.

L'Homme ne peut donc être heureux que par la Vertu, & que malheureux, sans elle. La Vertu est donc le bien, le Vice est donc le mal de la Société & de chaque membre qui la compose.

F I N.

N

Nature. Sa puissance.   75 , 145
Nature des plaisirs.   195
Neron.   288

O

P

V

T A B L E

DES MATIERES.

E R R A T A.

Pag. 26. *lig.* 5. végétales. *Lifez* végétables.

Pag. 54. *lig.* 13. ou. *Lifez* &.